我是如何失敗的

成功要有條件，
失敗也是要有條件的

何謂成功？何謂失敗？

人，為什麼會失敗？

關於這個問題，我們不應該只是討論遭了某人的算計，或是歸咎於運氣不好、做錯了什麼決定，那些都不在這裡討論的範圍之內。在這本書裡面，我們要特別研究，你可以從一個人的小時候到他長大成人，發現他有怎樣的行為，這些行為將會如何影響到日後人生旅途上的失敗。

人生有正道，亦有邪道。有的人從不按牌理出牌，日子一樣過得來，至於他本身的生活是成功或是失敗？這個標準是因人而異的，每個人有不一樣的標準，做為成功跟失敗的衡量。

至於「我是如何失敗的」這件事，並不是由別人來判斷，也不是由別人來認為的。也許很多人認為我並沒有失敗，甚至認為我很成功，在他們的眼裡，可能覺得跟一般人比起來，其實我的成就算是很不錯的，為什麼要對自己要求那麼嚴格？這就是我常常聽到的話。

成功的重點，是你自己覺得快樂跟滿意。在今天，我當然覺得自己是快樂的，也覺得我是成功的。但是為什麼要討論我的失敗？並不是說，如果沒有那些失敗，就保證今天一定會過得更好——我倒不是覺得這樣。

我希望的是，能夠很清楚的、很客觀的、也很主觀的去討論我自己過去的失敗，看到自己的不足之處，明白自己的人

生，做為如何學習、修補人生以及展望未來的基礎與方法。

在專業領域上的人才，比如建築師、律師、鋼琴家或是數學家，雖然他們在某些領域上表現傑出，但還是有可能在其他方面遇到失敗。舉例來說，有個鋼琴家在彈琴的造詣上功夫了得，但是他卻一直覺得很不快樂，這本身也是一種出軌。因為即使他學成了一身高超的技藝，但是卻從來沒覺得開心過，這也算是在生命上的一種出軌。

如果今天你成為一個鋼琴家，這個身份是不是你想要的？你喜不喜歡？快不快樂？滿不滿意？有些彈鋼琴的資優生，雖然彈的很好，甚至可以參加國際性的比賽，但是他並不喜歡彈鋼琴啊！這就是一種失敗——因為他是被強迫的。

假設你去打高爾夫球，而且是真的自己很喜歡，對高爾夫球抱持著一種信仰，像是Tiger Woods，他彷彿天生就是要來打高爾夫球的料，那就很好。但有一種人的想法是：「這是我媽要我打的」，或是「表面上我非得打高爾夫不可，其實我是很討厭的」，即便他打的還不錯，也不能算是一種成功。

在意願上，這是不是自己要的？在過程中，你快不快樂？這樣的事情很重要。

人生有很多時候，會出現這樣的爭議。

「我不快樂，可是我事業很成功。」

「媽媽說快不快樂不重要，反正賺很多錢就行了。」

「學歷趕快唸出來，反正拿到文憑就是找份工作較容易罷了。」

有人會用比較偏激一點的看法去定義「成功」這兩個字。但是，我所說的「成功」並不是指一定很會賺錢，而是指他的人生比較圓滿。你應該看過極具知名度的明星，可是他的婚姻卻相當失敗；或是很傑出的科學家，但是他沒辦法和別人相處，身邊連一個知心的朋友都沒有。

人類是一種群體生活的動物，一定要跟父母、朋友、兄弟姐妹、公婆、同業相關的同事接觸，所以應該要能夠應對、能夠處理，而不是看到這個人就討厭、看到那個傢伙就躲起來，最後躲在家裏不出來，一切就仰賴經紀人或他的媽媽。

當然，這樣也可以活下去，可是並不是真的很健康。因為他自己本身應該是一個獨立的個體，如果不靠別人很多事情就不能做，就有點像是殘障，這並不是一個真正步入正軌的人生。

在啟蒙成長階段，家庭的影響非常重要，父母確實要負很大的責任。但是這裡要討論的並不是父母的責任或失敗，而是這些不經意的行為，是自己人生裡面影響到失敗的成分，

最後要負責的，永遠仍是自己。你一定得想盡辦法修正，將失敗徹底了解，並走向正軌，才能得到快樂與自由。你現在所呈現的樣子，跟平常的行為一定有關係，這是絕對的。

自己是如何失敗的？要知道自己所造成的前因與後果，就好像在研究歷史一樣，這些因果關係是值得去討論跟研究的。但是，父母或家庭或是其他的影響因素，那些都不是這本書要討論的重點。重點是，你能不能從自己平常的行為舉止，以及到目前為止所做過的事情，找出自己還有什麼地方可以改進，還有什麼能力可以加強，還有什麼目標可以追尋。

失敗並不可怕，可怕的是你自己不知道為什麼會失敗。如果有一天，你發現到自己走在邁向失敗的路上，那你才會有機會將自己的人生逆轉。

陳海倫心橋顧問公司總裁

走在生命的正軌上

　　基本上，本書討論的都是失敗的例子，也就是生命「出軌」的時候。

　　在看待過去「如何失敗」的這個過程，可以用十年來做為一個階段。以一個人的生命軌跡為根本，把它很粗略的從零到十歲、十歲到二十歲、二十歲到三十歲、三十歲到四十歲、四十歲到五十歲……，用這樣子的方式來劃分。如果把人生當成一個軌道來看的話，生命軌跡有所謂的正軌，既然有正軌，當然也會有出軌。

　　怎樣才叫正軌？就是當你的生命真正在本來應該運行的軌道上，原本應該是很正常的，是屬於很自然的，是很根本的，這就是我們所說的生命的正軌。當生命不在軌道上面就是所謂的出軌，生活上的失敗也就是出軌。

　　在這本書當中，以人生的每個十年做一個階段，檢查出軌跟正軌的定位，可以看到每一個年齡階段必須要做的事，因為知道什麼時候做什麼事情是對的，也就很清楚知道什麼樣的情況是失敗的。知道這些失敗是什麼，沒有做到的時候就是出軌，你不要以為出軌就不會怎樣，因為那些出軌會在你年紀老的時候要補回來。這是這本書要傳達給讀者的一個重要概念。

　　我相信，當你在翻這本書的時候，雖然是想要參考一下我是怎麼失敗的，但是你同樣也會對自己是怎麼失敗的很有興

趣。這是一種對照，每個人都會想看他自己的人生是怎麼一回事。

當有一個基本標準出現的時候，就不必特別去講對錯，或是當時怎樣地糟糕。但是，當你看過了就會瞭解：喔！原來沒做到這樣的程度就是失敗，就可以看到自己是怎麼失敗、這件事是如何失敗、那件事又是如何失敗。

你也會發現，有些事情在該做的年紀沒完成，之後還是得補救回來，要不然，你就會付出超乎想像的代價。所以，你常看到有些人到了四十歲、五十歲還得那麼辛苦，一天到晚都在流眼淚，因為從出生到現在，他該做的事情都沒做好，所以只好一直在彌補過去的錯誤。

其實，我的人生也曾經補救的很辛苦。過去我所犯下的錯並不見得比較不嚴重，原本人生路會很坎坷，但是我在三十歲到三十八歲的階段補救回來了，人生又被拗過來了，所以現在已經在一個很不錯的狀態。即使如此，過去的錯誤仍不見得完全補完了，有很多的後遺症，還在讓我持續付出代價當中。可是，讓我最得意的一個地方是：我將局勢扭轉過來了。

我雖然失敗過，但是最後反敗為勝，所以別人看不太出來我失敗在哪裏。我曾暴飲暴食，喝很多酒、抽很多的煙，但

是我現在並沒有變成黃臉婆，某種程度上，我仍然保持一種漂亮的氣質。我的人生曾經輸得很慘，就好像昨天打牌輸個精光，還去借貸，但最後很戲劇性地不但還完了所有的欠債，甚至還贏了錢回來。

我的人生，是從四十到五十歲的這個十年贏回來的。

小時候，我就希望在五十歲的時候辦一個派對慶祝自己的成就。到了五十歲的時候，我真的做出了一些成績，擁有這麼多的員工，做了這麼多的媒；雖然沒有多厲害，但也足以讓許多人覺得驚艷。

對我來說，其實是歷盡了許多的滄桑，但也是一個非常難得可貴的反敗為勝，我把我的人生補救回來。現在五十到六十歲階段繼續努力，補回過去三十年所犯下的錯。我常在想，看看六十歲的時候會不會平反過來。

我贏的地方是，我把我的人生拉回正軌上來了。很多人終其一生沒有扭轉過來，就為他曾經犯下的錯誤再次遭到挫折，直到人生的盡頭。我過去雖然失敗過，但最後反敗為勝，我變成功，所以人家看不太出來失敗在哪裏，這也是我非常用心奮鬥所得到的成就。

Chapter 01
0~10歲

每個人與生俱來都有善良本性，
但因為後來生活和學習環境的不同，
差異就越來越大。
及早接受良好的教育，
對於奠定成長後的人格發展
和未來的一生將會有決定性的影響。

零到十歲是一個人最佳的生長期。從出生被照顧,到學走路、開始講話、上小學,到了十歲,差不多是小學快畢業的年齡。一個走在人生正軌上的人,應該受到非常良好的照顧、教育跟愛護。

由於這個階段受到他人的照顧較多,許多動作與行為並不是出於自發性。但是,自發性是可以訓練的,這種「互動」的訓練,與教育者的態度息息相關。

零到十歲的成長過程,在人的一生當中是非常關鍵的階段,尤其是健康、講話、學習等等的部分,影響往後甚巨。現代很多人研究健康、研究飲食、基因、DNA,這些知識固然有它一定的價值,但一個人是否能持續更久的巔峰狀況?並不是年紀到了某個階段才開始走下坡,而是從零到十歲的行為模式、訓練、理解能力,已經決定了未來的勝負;不管是生活狀態、飲食習慣、健康營養的充足、對於生活的認識與了解,都會影響一個人的一生。

如果不想將來在身體、成長、心智上面臨失敗,在這個階段的養成非常重要。

食衣住行的訓練

我在十歲之前，飲食習慣上有很多的出軌行為。譬如說，常常有一餐、沒一餐；讓自己有很長一段的飢餓時間，該吃飯的時候都沒吃飯，或是吃一些品質非常糟糕的零食，幾乎是以沒有營養的零食當主食。

我從小就開始學鋼琴、合唱團、美術，也參加了各種團隊的活動。在正餐時間需要補充養分的時候，常沒有真正的吃飯，而是以麵包代替混過一餐，大部分的用餐時間就是吃菠蘿麵包、奶油麵包、葡萄乾吐司，甚至是甜食或蜜餞等不健康的垃圾食物。

這種不正常的飲食習慣，影響到腸胃、血糖控制，也造成性格上的不穩定，也沒有補充到成長階段所需要的營養，情緒上比較容易波動。這種因素也引發了成長期間的許多失敗，特別是自律性上頭，是相當不足的。營養不足，是一定會影響到情緒的！

這些失敗，源自於自己毫不自覺的無知。因為自己沒有真正瞭解到這些行為的重要性，或可以說是因為自己的不在乎，而造就往後人生的失敗；但是，還是有很多時候可以改變的。以飲食為例，就算只是個孩子，仍可以決定「吃多吃

我是
如何失敗的

幼兒時期不吃正餐只吃麵包，沒有補充到成長階段所需要的營養，也影響到腸胃、血糖控制、性格脾氣上的不穩定。

少」，不讓自己過度肥胖或過度飢餓。基本上，小孩子也有自己的意願跟選擇。

這些由「吃」影響的結果，與往後學習、待人處事、生活作息及自律品格等有著直接或間接的關連，也影響了一個人是否能夠健全的成長，甚至是人際關係及生活上的基本態度。

另一個很重要的關鍵，就是「穿」上面的基本訓練。

譬如說，女孩子應該學會穿裙子，有一些漂亮的梳妝打扮，而不是很隨便地亂穿。要學會如何梳頭髮、綁頭髮，身上弄些小飾品、搭配外型的鞋襪、選擇衣服的顏色等等。不

同的樣式與搭配，都會影響到穿著的品味及氣質，也會影響到走路、舉手投足之間的動作與自信。

至於男孩子，從小就應該教他什麼是整齊的服裝，教他怎麼穿西裝、打領帶，給他一雙體面的鞋子，配好顏色的襪子。從這些小細節，就可以「教育」孩子日後對於品味的思考能力與抉擇。

除此之外，因為穿得漂亮而得到別人的讚美，或是提升自己的舒適感，也直接、間接影響到一個孩子的尊嚴、修為和心境。

讓一個孩子從小學會在生活中「穿」的藝術。穿得體面，對一個團體是一種尊重，也是禮貌及個人品味的表現。這也會影響到別人對你的印象、感受以及人際關係，是相當有意義且影響一生的事，這件事卻很容易被忽略。

「穿」會顯現出一個人的性格、情緒，引起別人的善意或敵意。為什麼名人會用盡心思展現在穿著的藝術上？在小說中，總是會敘述女主角穿什麼衣服；在戲劇中，每個角色的服裝都要經過設計，電影裡也常會提到主角穿了什麼，或是某人為何要做如此的打扮。只要是人都離不開這個範圍，藉著「穿」，表現出多元的內容、思想、色彩、情緒、視覺效果等等。所以，穿是一個非常值得用心研究的區塊。

讓一個孩子從小學會在生活中「穿」的藝術，穿得體面，對一個團體是一種尊重，也是禮貌及個人品味的表現。

關於「食、衣、住、行」這些事，有很多牽涉到生活品味的培養，或是藝術眼光的基本功，在零到十歲就應該要養成，要訓練，要重視。

以「住」這個觀念而言，並不是要求居住的地方要有多麼漂亮，或是日常生活的物品有多麼充裕，而應該是歸類於整潔習慣、打掃的動作，以及對於空間擺設是否有用心、用腦。

　　每個人從小就應該注重整齊、乾淨、清潔習慣的培養,這些雖然是小細節,卻是很重要的要求。零到十歲應該訓練這些基本的東西,這些會影響到一個人做事的俐落度、仔細程度以及追求精確的態度。

　　現在有很多小孩子不會拿刀切菜,綁東西也綁不緊,甚至搬不了重物。因為他在零到十歲的期間根本沒做過家事,長大之後除了拿滑鼠之外,手腕的動作並不是很靈活,而且沒有力氣,因為沒訓練過。如果是家裏務農或是從小幫忙做家事的小孩,到將來長大的時候,光是搓毛巾、洗被單、拖地板的速度就不一樣,姿勢也優雅很多,就連擦桌子這種簡單的事,也都能擦得比別人乾淨、漂亮。

　　動作要迅速且精準,一定是經由無數次的練習才能達成,絕對不是偶然發生的。動作慢的人不是笨,而是他沒有接觸過,沒有練過。有沒有做過事情,從生活中的小細節就可以發現不一樣。

　　這些生活上的習慣,也是人生當中的必備技能。如果從小就不會料理自己住的環境,那麼長大以後也容易出問題,譬如辦公室會比較凌亂、整理東西會搞不清楚先後次序。習慣不好,將來要持家的困難度就高很多,做事情的速度、花費的時間,都會嚴重地影響生活的品質。

「住」是一種美學、藝術、享受的結合。從小到大，我們對於自己所居住的空間都存在著特別的「愛恨情仇」，比如說，討厭那間浴室，或是特別喜歡那張床，或是對自己的房間特別有感情等等。這些情緒造就出偉大的思維，給予人們很多的希望、需求或夢想，這些生活的感受，讓每一個人的未來變得不一樣——有的人想變成一個發明家，有的人想變成一個設計家，或是建築師。

「住」這件事，對孩子不一定有直接的影響，但它給予孩子對於人、空間、物體、環境產生了很多的感覺，讓孩子了

從小就有幫忙做家事的小孩，將來長大的時候，就連擦桌子都擦得比別人乾淨，動作也更俐落。

解環境彼此的互動關係。由「住」而延伸的教育,相當的耐人尋味。讓一個孩子學會整理房間,享受乾淨的舒適,體會整齊的偉大,了解沒有髒亂的好處,明白東西如何擺放、歸位有什麼神奇的力量。

在生活當中,這些經驗必須以「年」來漸漸增長、累積。一旦體會到環境的美好,這個孩子就會喜歡這樣的習慣,欣賞這樣的境界,且了解為什麼需要從小這樣做。

這個「境界」會隨著他長大而發揚光大。他會知道如何在自己的生活、團體的環境裡去要求,並了解到組織、紀律、整齊、規劃的力量。這會影響將來做大事,會更有機會成功,因為他從小了解空間,他知道如何「住」在各種環境當中,與各種不同的人、事、物溝通。

關於「住」的美學、藝術,必須從小培養起來。

至於「行」的方面,這裡僅以騎單車為例。

如果零到十歲沒有騎過單車,二、三十歲再來學還是可以學會,但靈活度絕對是不一樣的。十歲以前騎過單車的孩子,車子騎起來是很輕鬆自在的,不會歪過來、斜過去。平衡感從十歲以前開始學習,跟從二十歲以後再來感受,靈敏度的掌握完全不一樣。

就算跌跌撞撞，小孩子也比較不會怕摔，不會怕痛，很自然就變成會騎車。一旦等到長大再來學，就會有很多的擔心，怕摔車、怕跌倒、怕被車撞、怕被人笑等等，想要學到好、學到精，就得花更多的時間。

在平衡感被培養起來之後，若要再學騎摩托車或溜冰、滑雪，就會變得特別有「天分」，就能完全不一樣。一個人身體的樣子、姿勢，在十歲以前是否被訓練過，具有舉足輕重的影響。

「行」，也能以最簡單的走路方式來看。常走路甚至爬山的小孩，他的腿部肌肉、耐力，會非常不同於平常都不走路、不運動、只坐車的小孩。雖然以「腦」來說，也許兩個人有一樣的智商，但最後一定是體力較好的人比較有機會成功。

一個人之所以會成功，不會只是腦筋好就行，其他的能力都會有關聯性，例如眼睛的觀察，手腳的平衡、協調，對環境空氣的敏感度，對溫度、濕度的感受等等。

走路多、活動多的小孩，比較有機會「行萬里路」，旅行過不同地方，經歷過不同環境，就能增加不少的見識及經驗，千萬不可忽視這樣的訓練及培育。這些經驗，將會對他日後「讀萬卷書」有不同的感受及理解，在生活體驗及境界上會有不同的創意。

總之,「食、衣、住、行」這些生活的基本,包括每個細節的失敗,是一個人一生中需要彌補起來的大事,頗為辛苦的。

若以別的事情來看,有很多孩子玩的遊戲,例如盪鞦韆或跳箱,有做過跟沒做過的,小時候就玩過跟長大才開始玩的,真的很不一樣。

你會看到沒玩過的人,感覺就是笨笨的,儘管他已經二、三十歲了,好像大人不該這麼笨拙,實際上這跟年紀無關,沒玩過的玩起來就是不太自然。但是那些從零到十歲就有做過、有練過的人,不管是動作熟練度、姿勢優雅的程度,都不一樣。

從十歲以前開始學習騎車,跟從二十歲以後再來感受,靈敏度的掌握完全不一樣。

正軌上的學習

在這個階段當中，我非常喜歡學習一些課外知識。但對於學校的課業並不是很重視，顯得有些本末倒置。不僅不讀正課的書，也不愛做作業，不管老師要求或是處罰，打死我都不想寫作業。

所以，不管是基本的中文程度或是地理、歷史、物理、化學這些基本科目，在求學階段的成績都不是很好，成績常掉車尾，真的很慘。

當時，我在正課的學習意願上，很明顯遇到非常大的問題。

從小，我在學習上就是脫離團隊，而不是在標準的軌道上。雖然有很多人不在標準軌道上面學習，也學了很多實用的課外知識技術。但是，我明明在學校上課，作業卻都沒做，在校應該要學的基本知識都沒有學會，這就是出軌。

這也是在我零到十歲的時候，一個非常嚴重的損失，徹底的大失敗。

對於人的一生而言，零到十歲的吸收能力、記憶力，是非常精華的時段。當時在這段時間，我幾乎全部交了白卷——幾乎是不太寫字、不做功課的。所以，一直到了小學六年級

還是不能夠看報紙，連普通的字詞都不是很懂，閱讀速度趕不上別人。

在校學習的重點，並不是考試拿前幾名，而是要學到基本生活的技能。我的語言、閱讀能力一直有問題，這就會影響到之後人際之間的溝通，變成看不懂電影，沒辦法看報紙。

看電影的時候，我常還來不及讀完字幕，畫面就結束了；和朋友在看同一本書，人家翻過去的時候我卻還沒唸完。吸收資訊的能力笨拙，速度比不上別人，知識也不足，常識不夠豐富，非常可惜。

閱讀比別人慢，吸收資訊的能力笨拙，導致知識不足，常識不夠豐富。

我是
如何失敗的

　　等到長大了就會發現一個事實：速度是個門檻，慢就是個問題。因為別人不會等你，你一直來不及，追趕不上，一路遇到數不清的挫折，只能說是自己活該！

　　閱讀速度是零到十歲就應該培養的，原本在這段期間應該打下的地基卻非常鬆動，現在回顧起來，這就是影響之後人生在學習上一個非常嚴重的失敗。

　　這些失敗，就是因為沒有在該學的時候去學，讓自己活像個白痴，遇到很多挫折。不花時間寫作業，有很多事情不理解，也讓求學生涯少了很多樂趣。如果一個孩子是這樣長大的，在成長過程中應該學的東西卻沒學到，應該練習的東西卻沒有練到，未來的失敗是必然的。

　　如果未來的時間，不能將前面的過失彌補起來，就算到了四、五十歲的年紀，也與成功無緣。你不會的技能，並不會因為年紀增長了就自然變強，沒練過的就是永遠都不會。

　　速度，是一個非常基本且重要的關鍵因素，你無法抹煞它在生活中的重要性。

　　例如寫字為什麼慢？因為沒練過，想的慢，因為沒好好練，速度就趕不上。不管你寫得多好，腦袋有多聰明，速度慢了就跟不上大家，在團體中就是個問題。

　　這是個相對性的問題。如果你的水準處於一個平均值，大致

上是OK的，但低於這個平均值就會很慘。以寫作業為例，一般人平均花半小時到一個小時寫完，這樣是正常的，但有一個小孩必須耗費四到五個小時才能做好，他就會常常寫不完，不能睡覺，或是寫得比別人差，因為有太多東西總是來不及做，類似這樣的情況會一直出現在生活裡，不斷地惡性循環。

又例如吃飯，平均來說十五至三十分鐘可以吃完一餐。但有一個小孩每餐都要吃兩個小時，而且常常沒吃飽或沒吃夠，吃東西很容易緊張，長期下來一定會出問題。

而我的問題，就是沒練習寫字，不做作業，不練習閱讀，所以來不及看、看不懂、看不會，閱讀測驗很糟，考試成績也很慘，智商奇低，根本和白癡沒什麼兩樣。

因為來不及，速度上出了問題，沒有練到一般的平均速度，生活上就會出現種種的困難。因此，速度是影響成功非常重要的因素，千萬不能不理它，否則在團體生活中會有非常大的障礙，會跟不上。

速度沒有增長，一生都註定要吃虧，非常辛苦；最後還會死的莫名其妙，這就是一般人不太會注意到的失敗理由。

當自己回溯到還沒失敗的時間點，會發現有很多經驗很值得他人借鏡。每個人的一生當中，或多或少都有學習不足的地方，特別在求學過程中，像這樣蒙混過去的惡習，對未來

造成失敗的影響力是根深蒂固的。

有時候，在學習過程會有延遲或超前的現象。但快或慢的速度並不是重點，重點是要在正軌上，應該遵循正確的比例漸漸成長。

以牙齒保健為例，平常應該吃健康的食物，早晚及飯後都要按時刷牙，並妥善照顧好自己的牙齒。牙長歪了，就應該整牙，蛀了就該去找牙醫補牙，這樣才是正軌。

有些人從來不管牙齒有沒有毛病，就任由它爛掉；後來才發現牙齦都壞了，很多食物不能吃，甚至最後連腸胃都出了問題，這就是一種出軌，就是一種失敗。

任由牙齒蛀到爛，很多食物不能吃，甚至最後連腸胃都出了問題，這也是一種出軌。

生存條件的培養

一般來說，唸小學是一個基礎的學習，不管以後想要從事什麼職業，想當鋼琴家、科學家或是籃球員，有什麼天賦、有什麼興趣，去做任何事情都可以。但最後該用什麼標準，來衡量自己是否能夠成功？關鍵取決於在完成目標之前，出軌的比率有多少。

如果你選擇走上某個目標，也達到自己想要完成的目標，這就算是成功。

但是，人生的正軌往往必須顧及更多的層面。所謂的正軌，就是基本及正規教育。一個從四歲就開始訓練的體操選手，比起一般人來說，他擁有非常傑出的體能與體操技巧，但只培養單一的技能，在閱讀方面卻是個文盲，這就是非常嚴重的失敗！因為無法閱讀，對他的生存能力會造成相當大的影響。也就是說，你不一定每個科目都要拿一百分，但影響生存的基本能力一定要有。

以學數學為例，心算多厲害或是每次考試都拿一百分，都不是學習的重點，至少你在買東西找多少錢的基本算數應該要會，不能連找錢都會出錯，這就會影響生存；至於會不會微積分就不是那麼重要了，因為一般生活當中不太需要這種知識。

　　再以電腦為例,現在的孩子幾乎不可能不會電腦。玩電動遊戲不一定要會,但是如果打字、上網的技能通通都不會,以後謀生就會出問題。你可以彈鋼琴,可以打高爾夫球,可是你竟然不會用電腦?那你的生活裡就會缺少一項非常重要的基本技能。少了一根「地基」,你會無法與其他人平起平坐;少了最基本的謀生能力,和別人競爭時就會差了一截,與社會脫節。

　　所以,零到十歲所學習、累積的那些內容,不管是知識、技能、健康或禮儀,在生活當中都是非常基本的功夫,應該要將這些生存條件練就成非常紮實的底子。若是沒有這些基本生存條件時,未來失敗了也不足為奇。

　　所謂的正軌,就是基本教育「德智體群美」,包括學校、家庭、生活、教育,不僅要正確,且要紮紮實實、徹徹底底打好基礎,如此才可以展望未來。

人生的正軌往往必須顧及更多的層面。你不一定每個科目都要拿一百
分，但影響生存的基本能力一定要有。

愛的能力

這階段最重要的一項，就是應該要學會如何去愛。

孩子要被關心、要被疼過，才會更明白愛及如何付出愛。必須學到關懷的互動，瞭解媽媽對他的愛、瞭解爸爸對他的溝通、感受到爸爸媽媽的愛，他的心靈才會健康。

如果孩子有被抱過、被親吻過、被照顧，爸媽比較常跟孩子講話，或是幫他打扮，同時孩子也看到爸爸關心媽媽，媽媽如何照顧爸爸，都會增加孩子了解如何去愛。看過媽媽撒嬌的女孩，通常也比較會撒嬌，因為孩子會不斷從模仿中學習。這個階段被真正愛過的孩子，見識過親情間的關愛、兩性間的情愛、人與人之間的互愛，將來才有能力去愛別人。

要有良好的「愛」的能力，先決條件是一定要有足夠講話的「量」，譬如跟阿公、阿媽講話，跟叔叔、伯伯、阿姨、舅舅講話……這些溝通很重要。有人跟他講，有人講給他聽，有人願意讓他講，聽他講等等。

現在的教育不太重視和親戚與鄰居之間的溝通，在人際關係上會有影響，因為孩子比較少講話，就比較不懂得如何跟人相處，就算看了很多電視，也無法代替「講話」。

以前的大家庭常見到三代同堂，一整個家族的人都在講

話，每天都要跟很多人講話，與他人互動的頻率非常頻繁。在現在的社會裡，親友平常連見面的機會都很難得，很久才見一次面，所以孩子就變成不太會講話。

　　現在小家庭的孩子又少，最糟糕的是家中只有一個，沒有其他兄弟可以講話，可以練習講話的機會就會變得非常少，說話的內容就變得越來越簡短，越來越不會講話。因為孩子只能跟大人講話，但大人通常很忙，就很少有機會講話。

這個階段被真正愛過的孩子，將來才能夠有能力去愛別人。

更慘的是，現代人常用電腦和別人傳遞訊息，溝通時不必看見對方，沒辦法觀察，這樣孩子就更不會講話，更少了說話及愛人的能力。

在過去的年代，爸爸、媽媽工作結束就直接回家，親子溝通的機會也比較多一些。至於當今的社會，有很多爸爸、媽媽是不常回家的，他們大部分的時間忙著打拼事業。缺乏父母親照顧的環境下長大的孩子，除非跟很多人一起住，否則就比較不會講話。而接近孩子的那些人，說話程度不同，水準不同，也影響到孩子講話的親合力與和別人親近的感覺。

另外一個延伸的問題，就是孩子會跟褓姆學習，而不是跟父母學。因為孩子待在褓姆的身邊比較久，跟自己父母反而比較不親；然而，不管孩子跟褓姆學什麼，其實都無所謂，重點是孩子一定要被真正愛過，有人疼、有人抱、有人餵，有人跟他說話，吃的東西是好的，被教導的方式是正確的。

在這段期間裏，被打過跟沒被打過的小孩，未來發展是非常不一樣的。長大後他對世界的看法、對社會批評、對人間冷暖、看事情的心態，與幼年是否心裡受到的創傷關係非常大！

如果是被打、被虐待、常被罵或是父母經常吵架的小孩，在這段時間總是在驚嚇、恐嚇中度過，在心理上、思想上會有很多情感無法表達，就會變成比較不能思考，比較不會講

話，容易受到挫折產生負面情緒，或者是莫名其妙地覺得驚恐、緊張。那些壓抑的行為，對於幼小心靈所帶來的創傷是很嚴重的。

在十歲之前，一個人應該是被愛、被關照的，食衣住行受到基本的訓練——倒不是要求一定要有貴族式的生活，也不是要每天要求吃飯姿勢怎麼坐、要綁哪條領帶、走路要怎樣才優雅，但基本的生活習慣跟學習態度都要被訓練過。如果經過訓練，將來發展的層次就會很有彈性。

你可以是個灰姑娘，可以是鄉下小孩，只要在這個階段受到很好的照顧，十歲以後的可塑性很大，還是可以具備貴族氣質，變成一個歌唱家，或是學什麼像什麼，因為你所擁有的基礎，足以讓你完成想要達到的目標；所有專業的事，還是都可以訓練。

但是如果零到十歲的時間是完全浪費的，過著完全不登大雅之堂、亂七八糟的生活，以後要學習或是補強的時候就會事倍功半——除非這個人本身真的具有過人的天賦與毅力，但這樣的天才並不常見。

教育的力量，在零到十歲階段的影響力特別大。若好好珍惜這一段精華歲月，未來的日子將會非常美好，小孩真的可以很快樂，人生真的可以很幸福！

我是
如何失敗的

不管你是灰姑娘或是鄉下小孩,只
要在零到十歲階段受到很良好的照
顧,往後的可塑性仍然很大。

選擇老師的重要性

我小時候學過芭蕾舞，但後來沒繼續學，原因是家裡比較窮。教舞的老師很勢利眼，比較喜歡有錢人的孩子，比較沒錢的孩子很明顯會被排斥，態度很現實。對你好不好，完全是看家裏有沒有錢，這對當時的我創傷很大。

這跟失敗有什麼關係？就是沒有選到對的老師，沒有找到一個真正願意栽培你、讓你可以真正學習的老師。

那時候，我只學了半年。表演的時候，老師先看你可以付多少錢，來決定你是扮演什麼角色。雖然那時候的我才六歲，但對這種事情還是很敏感，傷心了非常長的一段時間，連笑都笑不出來，影響非常大。

我還記得事情的每一幕——有一個孩子家裡非常富裕，常穿得很漂亮，甚至會穿一般小朋友不會穿的高跟鞋。他並沒有跳得很好，腿該打直卻總是彎彎的，姿勢很難看，偏偏老師就是對他特別好，只因為他家很有錢。

老師看到他們就笑得很開心，他媽媽也總是陪在一旁；但老師看到我就不會笑，我媽也從來沒空過來陪我，很明顯就是大小眼。只要父母晚一點來接，老師會故意不理我，甚至還把燈關掉，我只能坐在黑暗的角落等我爸媽來接我，那種

感覺真的好悽慘。

在表演的時候,我知道自己跳得比他好,可是並沒有因為舞技比較出色,就能得到一個比較重要的角色。他的家長送禮給老師並說,表演的時候麻煩你讓我的孩子擔任主角。老師就是看誰交多少錢,誰就演什麼──我記得當時自己是當一個蚌殼,不需要怎麼跳,就是拿個道具,做一做動作的跑龍套角色。

雖然那時候的我才六歲,我仍記得當時在舞台上,相當不開心。

　　雖然大家年紀都很小，可是老師對待有錢、沒錢學生的態度就一清二楚。

　　那次的經驗，對我的打擊很大。很明顯的，就是因為我們家沒錢，所以就要受這樣不平等的待遇，然後自己還有一個想法：我們沒有錢，所以就是出不了頭，不管多會跳都沒有用，就是無法出人頭地。

　　因為老師只將最重要的角色給予家境最有錢的孩子，當時心裡受到的打擊，影響到後來我對於繼續學習的意願，心裡很難過，又不斷的自貶。這是我人生的一大敗筆。

　　其實，當時如果繼續學，只要學會了，將來還是有機會出頭，而且不應該被這樣的挫折打倒。可是我心裡深受打擊，一直覺得自己家比較窮，所以機會比較少，自己就放棄掉學習的機會，一直覺得很難受。

　　即使多年後，想起來還是覺得很難過。我原本那麼喜歡跳舞，可是就沒辦法繼續跳下去，所以就沒學了，真的好可惜呢！

　　那件事情讓我耿耿於懷，一直到二十歲想學舞，還是因為沒有錢，一直就卡在那種沒錢學的陰霾之下，真是殘忍的一個失敗。

　　這個失敗，並不是因為我的家境不好。若我能夠忍住一時的不開心，繼續好好學下去，還是有機會出頭，一定可以進

步成長的。這個失敗在於我放棄得太快，這是邁向成功的大忌，不可以輕易放棄。若繼續學，過一陣子再換個老師，再好好跟父母溝通，這個創傷不必卡著我的人生這麼長的一段時間。

在學習的路上，教育方式與選擇老師相當重要。有心教、願意教、關心學生的老師，是真正的好老師。有的老師自己很厲害，專業技術很強，卻不見得是個好老師，這是兩碼子事。所以，想把事情學好，選擇一個好老師非常重要。

對我而言，有這樣的經驗並不是壞事，但不應該把這樣的創傷留在心中，非常的不健康。在學習的過程中一定要溝通，要有人照顧，要講出心中的困難，才不會如此容易便放棄學習的機會。

不受壓抑的學習

　　學鋼琴、芭蕾舞、畫畫、唱歌，這些都是我自己要的。但是，有很多小孩子並沒有主動要求，而是父母親要他們學的。學到後來，那些東西是不是對自己有用？很多人到後來不知道學這些東西的目的是什麼，就不了了之。

　　有些父母會逼著小孩學鋼琴，但也看不出孩子有什麼特別天賦。不過，我相信欣賞鋼琴演奏、感受音樂時，有學過的人所聽到的深度，跟沒有學過或沒研究過音樂的人就是不一樣。他的鑑賞力還是會比一般人強一些，聽音樂的品質和感受會不一樣。只是他並沒有把這項能力強化，所以在一生中，看不出和別人有什麼差別。

　　有些孩子想學，偏偏父母不讓他學，對孩子的興趣不理不睬，相當可惜。小時候沒機會學，也是一個遺憾。我的主張是，小孩想學的就盡量讓他學，但不要強迫他學習，這樣反而會有反效果。

　　很糟糕的是，很多父母都不問小孩喜歡什麼，只是照自己的想法，去讓孩子學一些他認為比較有前途的技能，或只是剛好有機會、有人推銷或有朋友在教的這些原因，才讓孩子去學，而不是真正問小孩有沒有興趣。不經孩子同意就「命

令」他去學,真的不太好,至少應該溝通一下。

父母應該先讓小孩子接觸多元的興趣,喜歡的就讓他學,而不是因為父母個人的喜好,或認定小孩子不懂而去壓抑他。有些時候,小孩子很想學某些東西,但是受到父母的否定,譬如父母不希望女孩子學跆拳,或是父母認為學音樂以後不會賺錢之類的,所以就不讓他去學,這就很遺憾。重點並不在於有沒有學到這些技能,而是「學習意願」是一種非常可貴的東西;當意願被抹煞了,學習就沒有太大意義了。

如果是我照顧的孩子,我會培養他真正想學的,讓他有很多機會去學。因為他也不知道自己會變怎樣,只要他不反對,接觸一段時間之後,慢慢可能會發揮才華跟潛能。

小孩子常會想學東西,但是受到父母的否定,所以就不讓他去學,這就很遺憾。

你要給他那麼多的機會，創造那麼多的可能性，而且還要父母自己願意。如果父母不願意的話，那就沒有辦法，也影響小孩的心情——孩子看到父母很不爽，自己也很難開心。

許多父母都會壓抑孩子的學習興趣，叫他長大以後再學，或是告訴他學那些不會賺錢，把功課做完，書讀好就好。這就很可惜，很悲哀；只要求他讀書，孩子就會變成沒有獨立思考的能力，而且讀書上學也不應該是人生的全部。

更荒謬的，像是因為功課不好，那就叫他去打球，看看以後考大學能不能加分。這套模式也會讓孩子的學習脫軌，心理不正常，也會讓孩子不開心。因為他根本不知道為什麼要打球或是學音樂，只因為父母認為他應該能走這條路，或為了升學而走的旁門左道，但人生畢竟不是只為了升學！那些都是種下失敗的原因。

很多孩子根本也不知道自己要什麼，所以就是讓他學。譬如媽媽說：「帶你去學象棋好不好？」小孩子說沒意見，那就讓他學啊，玩玩看嘛。兩年後，你可以看看他發展得怎麼樣，如果還不錯就繼續，如果堅持不要就算了。

有學過，永遠好過沒學。在這個領域，有沒有成就不太重要，重要的是他得經過「學習」這件事情，對一個人的進步成長非常有幫助。「學習」本身就是一門學問，非常值得擁

有這項能力，能「學」萬事足。

可是，如果孩子想要學游泳，媽媽就說：「游泳很危險啦！」或是說：「去溪裏游一游就好了，幹嘛去上課？」很多父母的觀念是這樣，那天分就被抹殺掉了，興致就沒了，可以發展的機會也少了。這有什麼好處呢？

雖然父母有責任，不過孩子自己也要負責。如果你真的想要，就要想辦法去學，去賺錢，努力拼命爭取。

有時候，孩子會主動提想學什麼。如果父母沒有強烈地認同，孩子就會放棄了，父母也沒當一回事，真的很可惜。最重要的，就是在培養的立場上，讓孩子去學各式各樣他不反對的東西，等到他有自己的意見，再給予加強。

若他真的不喜歡，學個一兩年大概就知道了，如果沒有興趣就算了，不要強迫去學。但父母親不要覺得這一兩年白白浪費掉了，因為除了學習以外，還會有其他很好的收穫，不去學是不會發生、不能了解的。

也有很多父母會用變相的方式去鼓勵孩子，像練完鋼琴給一百塊，考試滿分就買什麼禮物送你等等，這些都不會促成真正的學習意願，也會帶給小孩不正確的學習態度。

至於我個人的情況，是因為這些課都是我要學的。我從小就喜歡學這些東西，而且把時間排得很滿。後來等我有賺錢

的能力，所有的錢我都放在學費上，學很多很多東西。

學習對我來說，是生命裏面最刺激、最有趣的事情。

我常常聽到其他孩子或同學說，他們想學，可是父母不贊成；最後大家的才華，竟然只能表現在看誰賺錢賺得比較多，除了賺錢以外的工具，通通不鼓勵。

其實，真正能夠讓一個人賺錢的能力，是非常多元的。包括一個人的體力、穿著、品味、見識、講話的能力、理解的事物、愛人能力、多才多藝等等，這些都關係著賺錢的能力，而不是只有一個學歷，或一份職業可以決定的。

有的父母很狹隘地想著，賺錢就只是一份工作、一份薪水，所以一直專注於培養讓孩子取得一份工作，把工作當成一種賺錢的能力。其實，這兩樣事情還有一大段差距。

真正要培養賺錢的能力，就要了解生活，了解人生，了解人，能溝通。光是會讀書、有文憑，跟有沒有辦法賺錢仍相距甚大。更何況，有了錢還不見得擁有享受人生的能力，所以，錢也不是人生的全部。

生命不應該這麼貧乏，不應該這麼無聊！

零到十歲是生命開啟的源頭。這段時間造就了生命的基礎，這個時間打下的基石影響一個人的一生。將來，花會怎麼開、樹會長得多麼茂盛，這段時間的栽培佔有決定性的關鍵。

從另外一個角度來說，如果沒有穩固紮根，它的破壞力也是深具影響。當然，十歲之後的「後天」仍可以再調整、再彌補，但畢竟生命的迷人、力量的神奇，在這零到十歲的精華時期，有著它巨大的潛能及力量，非常具有可塑性，永遠讓人驚奇。

而我的失敗，與這十年有絕對性的關係。不論從食衣住行來看，或是在學習讀書上面，嚴重破壞了我一生的伸展可塑性。這件事讓我刻苦銘心，每次想到，都感慨萬分吶！

在學習上不受任何的壓抑，讓孩子
可以找到自己真正想要做的事情。

Chapter 02
10~20歲

十幾歲的時候，
在人生裡就像是大雜燴一般，
有數不清的嶄新念頭。
青少年時期精力充沛，
不僅充滿抱負和理想，
也對全世界具有濃厚的興趣。

我是
如何失敗的

　　十到二十歲的正軌，是找尋人生的目標。這段時期最重要的任務，是把自己的精神、時間、體力，找到能造就將來一輩子的正確方向。

　　未來你想走的行業，該學的技能，都應該在此階段裡找到、學到。一旦過了這個階段，正規的教育就結束了。現在很多人在校唸書唸到三十多歲，老實說，唸到三十歲都已經讀得太晚了，為了拿到碩士、博士學位，反而失去了實際在社會歷練的經驗，並不一定值得。

　　由於這個時期是在轉變為成年人的重要階段，身體和心理都在以極快的步伐前進，學習成長非常迅速，不僅記性佳，體力也在巔峰；不管做什麼事，都沒有太多過去的挫折影響自己，就算失敗了，要再復原也比較容易。但它也意味著，任何錯誤或疏忽，都可能導致永久性的破壞，影響自己的一生。

十七歲的巔峰時期

如果把零到十歲比喻是打地基，十到二十歲就是開始在蓋大樓。

蓋大樓的時間、速度、品質，會影響將來所有事情的成績。你能夠做得多深、多廣、多遠，在十到二十歲階段是很重要的基本功夫。

這階段也是學習跟戀愛的時候。不管是單純的讀書，或是練習音樂、運動以及其他所有的事，巔峰時間大致會在十七歲左右。過了這個時間，體力就差不多要走下坡了。

雖然在這個階段，是一個人精神、體力上的巔峰期，但畢竟人生歷練的經驗尚淺，好比是女人味或責任感，要到後面的人生階段才會逐漸成熟。這段時間應該要努力學習，但是所謂的學習，並不是只有讀書而已，而是應該包括到人際關係與溝通方面的全盤通曉。

如果在零到十歲打下非常紮實的底子，接下來便能展現出應有的成熟度。當然，如果保持的很好，水準還是可以維持到三、四十幾歲，但是巔峰時間還是在十七歲最為自在、流利。如果真的有被細心栽培、被用心教育過，這段過程所產生的火花是最燦爛的。

我是
如何失敗的

　　青春期有很多事情要經歷，但最主要的，還是在學習方面。包括各式各樣的學習，在此階段學得越多越好。不斷的訓練，累積經驗，對往後的人生相當重要。

17歲是人生最顛峰的時刻。不管你想要做什麼事，有什麼夢想或是目標，趁著青春無敵，趕快去做吧！

無法面對的語文學習

我在讀書上的失敗，有很多是卡在關於學習、閱讀與了解上的問題——一直以來，我有很多東西不懂，自己又沒有想辦法去解決。

我一直很討厭唸語文方面的科目，不管是在國語、英語方面，我一直很害怕去突破，沒有辦法去面對心裡的恐懼。之所以會討厭這些科目，在於無法面對用「背」的方式。我很恐懼，認為自己沒辦法背，所以成績不好。

以國文為例，那些四書、五經、唐詩、宋詞，幾乎把我搞得七葷八素。我一直不肯面對以背誦的方式學習，只要老師要求大家背古文或是各種文章，我就非常排斥，所以考試成績很糟糕，也一直認為自己就是背不起來，不是唸書的料。

等到後來長大了一點，碰到唸英文的時候，這個錯誤觀念還是持續地影響著。我一直想：「又要背了！」那種先入為主的觀念，就是一個很大的失敗，這個觀念幾乎差點把我害死。

當時，我把英文當成是一個很可怕的科目。我一直貶低自己，以為唸英文「什麼都要背」，單字要背、片語要背、文法要背、動詞三態要背……光想到就頭大，心裡一直很害怕，一看到英文就想乾脆放棄算了。

現在回想起來,其實學習語言並沒有那麼可怕。我看到自己的失敗,在於恐懼。

學語言最大的問題不是背,而是沒有實際去運用。其實我可以去認識很多外國人,找很多機會去練習講英文,唱英文歌、交外國朋友、寫信交筆友等等,這些方式都可以讓自己的英文變好。

「不能背,所以一定唸不好」,這個錯誤觀念圍繞著我很多年。一直到了出國以後,為了不得不講英文,才勉強逼著自己去面對英文,也才發現這個想法讓我吃盡了苦頭。

過去在學校被要求「背」的部份,我一直抗拒,到後來都還在吃虧,還停留在「不能背,就不能夠進步」的情況之下損失慘重,學習過程一直在這個觀念上屢屢遭受挫折。

在我出國的第一個十年,立下的志向其實很可笑,只是為了能夠講英文而已。為了彌補初中學習英文的失敗,我在出國十年的時間,全部都耗在學習英文上。

這個代價非常可怕,想起來簡直是痛徹心扉。這個十年,其實根本是不需要浪費的。

當初,我只需要按照正軌去學習英文,差不多兩、三年左右,就可以打下很好的基礎。但我卻搞了十幾年,只是因為一個錯誤的觀念,付出如此龐大的代價。最後把英文能力拗

與其死背英文單字跟文法，還不如直接上街頭跟老外哈啦個幾句，比較實際一些。

回正軌時，再回首已百年身，簡直可以形容是拿命來換經驗，很悲哀。

人生就是這麼殘酷。你會或是不會，了解或不了解的差別，就是天壤之別。這樣失敗的代價，是用自己的半條命和青春換來的智慧和心得。

現在的我，雖然可以跟外國人講話，可以用英文寫信，但是，我的英文還是不夠好，語言也不是我的強項，就是沒辦法這麼厲害，永遠是一個人生污點。這是小時候不努力，沒找到正確學習方式所換來的大教訓。

我見過有很多很會讀書的人，然而這些人卻是不太懂人生道理的。雖然我非常瞭解人生，可是對於讀書卻不在行。我認為，行萬里路和讀萬卷書，兩樣是要一起配合才會有用，我行了萬里路，卻沒有辦法讀萬卷書，因為對於一般常識的吸收緩慢，知識範圍的貧乏空洞，學習速度跟不上別人，都成為生活上的障礙。

現在回想起來，那些原本很容易就可以學會的東西，只要小時候廣泛地閱讀書籍，打下良好的基礎，要在正軌上並不是很困難。但是我一直沒有面對，一直認為自己不是讀書的料，這樣的觀念是我最大的失敗。

我也不曉得當初這樣的不在意，在之後的人生竟然會有這

麼大的影響。如果小時候就知道讀書的重要性，那現在鐵定
就會不一樣；這就是所謂的「千金難買早知道」！

　　但是，人之所以會失敗，就在於看不見自己的盲點。

　　不過，總是要有人走在前面，即使失敗也沒關係，希望能
把這些經驗和智慧傳給下一代，讓他們能夠不要再次重蹈同
樣的錯誤。

由於錯誤的學習方式，讓我的心中總是有一個陰影，到了長大還是揮
之不去：不會讀書。

扭轉觀念，影響成敗

前面提到學習的例子，最重要的失敗關鍵是卡在「觀念」的問題。

我認為我背不起來，所以我不是讀書的料，我認為我永遠不可能學會……這樣的錯誤觀念，真的是會把人給害死。而在教育的過程中，老師最重要的任務，就是要改變學生的錯誤觀念。

如果當年有一個英文老師，引導我可以不要用背的，一樣能把英文學得很好，我就會成功。但是，我也去過很多補習班，上過很多英文課，卻沒有一個老師教我不要用背的，沒有一個人可以引導我怎樣去活用英文，最後還是失敗了——因為我還是卡在「不能背」的觀念。

延伸之後，甚至還會有更可怕的情況會發生。

老師說，你回去把這些課文通通背起來，就是要背到滾瓜爛熟才會厲害。在這樣的情況之下，你愈去學，就會覺得愈可怕；因為老師用你最不希望面對的方式去教你。

現在回想起來，其實我一直很想學好英文，學好日語。但當年求學的時候都沒有學會，一直要等到出國以後，才終於真正面對語文。為了扭轉那個觀念，花了我很多年的時間。

現在當我去教育別人的時候，我就知道要去扭轉對方的錯誤觀念。用正確的心態，不斷的去鼓勵，才是教育能夠成功的最重要關鍵。

在一般的教育領域，不管是學校、補習班或是家教，很少有人會以扭轉觀念且不斷鼓勵的方式去教學生。老師就是把課本上的知識教給你，數學老師就一直教你數學公式，他不

如果在死讀書的情況下，愈學就會覺得愈可怕，因為老師用你最不希望面對的方式去教你，失敗的機率就會很高。

我是
如何失敗的

會去輔導你在觀念上的問題;舞蹈老師就是一直教你跳舞,但不會告訴你適不適合用這樣的方式學、適合你的方向是什麼……老師很少去探討這樣的內容。

如果真正要教一個學生,要讓他學得開心,真正引起學習的興趣,這些觀念應該要包含在裏面。

教育的偉大,在於不但可以教好一個人,而且可以讓他的學習過程是快樂的。

享受進步成長的喜悅,其實是生命的一個重點。

失敗跟成功,基本觀念與態度的影響非常重要。

我在幫人結婚或是作媒的時候,在扭轉的都是對方的觀念,讓他們對於婚姻的錯誤觀念改變過來。因為失敗的環節當中,錯誤觀念是非常重要的因素。

以學習為例,當扭轉了「我不能背」、「我沒辦法學」的觀念之後,就可以學會了。相同的,那些明顯歪曲的觀念,例如「結婚不好」、「我很醜」、「我不適合結婚」等等的錯誤想法,要被拉回到正確的觀念上,這些人才會有救。

當我在教育員工,或跟著我學習的學生,我會特別重視「扭轉觀念」的問題。即使是來參加講座、工作坊的人,或是和身邊的朋友交往,我都很在乎這一環。這也是一般人比較少去注意到的,因為多數人並沒有發現觀念如何造成影響

自己的人生，讓自己逐漸邁向失敗卻渾然不知。

觀念並不是學習的全部。可是，如果觀念的問題不解決，一個人很難成功。

我會花時間和精神，去解決學生的觀念問題，包括心理障礙。因為我是這樣失敗的，我不希望別人也這樣失敗——沒必要再傷痛一次，是嗎？

所以，對於那些不願意結婚的人、不願意化妝的女孩子、不願意穿高跟鞋的、不能穿裙子的，我都是從觀念上去改變，引導對方，至少讓他有空間去討論。只要能夠讓他了解，就會有結果，而不會抱著「算了，無所謂」的態度，甚至逃避一輩子，放棄自己的幸福。

在我的人生裏，這樣的盲點留下很大的後遺症，讓我很晚熟，起步比別人慢很多。雖然之後很多的努力，不能說完全是白費功夫，但確實是有些浪費時間，走了很多冤枉路。我的人生一直在付出更多倍的努力才能生存，有些吃力不討好，別人看起來像是在做白工，應該不必要這樣。

若以正軌上的代價來看，我學五年所付出的努力程度，應該會有別人十年的成就才正常。當我錯過人生的巔峰之後，這些年下來我非常努力，努力過頭卻事倍功半，沒有達到該有的成就，反而搞得自己一身是傷，結果不成正比，這真的不是一

件好事。如果有更好的方法，我的人生應該不只是這樣。

　　探討這樣的失敗，我覺得很有價值。與其不斷扼腕自己的人生為什麼會這樣，不如現在知道怎麼失敗的。了解之後，就會滿樂觀的——「原來如此！」

成功與失敗，觀念非常重要。觀念轉了
過來，人生就會不一樣。

與異性交往的學習

這個階段正在經歷青春期，學習如何跟異性相處很重要。

跟異性的學習、交往或溝通，或是情愫正在打開，日常生活有沒有被訓練？往後有沒有機會運用到？這對一個人的一生是很重要的。

在青春期有戀愛經驗、對愛情有過幻想的人，將來在戀愛的品質與深度上也會比較自然一些。在這段時間，很多人的感情是一片空白的。如果感情留白，沒有得到訓練，未來會嚴重影響到他對於生命、異性的感覺與認知——對於情感的深度會較為不足。

十到二十歲是荳蔻年華、情竇初開的時候，也是人生的精華。但是現在的年輕人有很多時間都拿去打電動或是上網，原本該坐下來談戀愛的對象就變成網友，一直到三、四十歲還是個王老五。

在這段時間裏，應該要跟很多朋友來往，跟異性有頻繁的互動，要在一起相處，一起出去玩才有學習的機會。至於那些只是在家裡打電動、看電視的人，雖然他們也會想交男女朋友，但是就少了實際行動與學習。原本該談戀愛的，他卻躲在家裡看偶像劇；原本該學習兩性交往，他卻躲在家裡看A

片，那些情慾上的自然行為都被替代掉，枉費青春的活力。

　這些孩子沒有實際和異性接觸，便錯過了和兩性交往的最佳學習時間，錯過了以後，他的情感或情慾就不深。就像這段時間不太運動的孩子，成年以後也是不太喜歡運動的，也不會享受運動的樂趣，是同樣的道理。

有許多年輕的孩子寧願待在家裡看偶像劇而不去談戀愛，把最寶貴的青春年華白白浪費掉了。

我們常聽到有些父母說，自己的孩子沒什麼音樂天份，其實是因為沒有訓練過，也沒有學習，欠缺栽培，就很難展現出什麼特別的才華。他只能在本性上表現出很喜歡的感覺，就好像還是會喜歡異性，還是希望跟異性朋友相處的很好，但是對於如何去了解異性，或是去討對方歡心、撒嬌、開玩笑等等，那些功力就完全沒有培養起來。這些能力，應該是十到二十歲就要建立，而且要認真的培養，父母要積極鼓勵才對。

在這段時間，我非常贊成小孩子學會欣賞異性，跟人家打屁聊天、玩耍嬉戲。雖然有些事情還是具有危險性──有人會說：「哎呀，不小心沒搞好就懷孕了！」很多父母會有這樣的擔心。當然，玩過頭就出軌了，但總不能因為怕出軌就阻止孩子談戀愛，這就像擔心孩子會溺水，就一味地禁止他去游泳；這麼做並無法阻擋孩子的好奇心，只會讓他受到壓抑。

最好的情況，就是零到十歲要正確教育，父母給予孩子非常多的愛與溝通；到了十到二十歲，就要讓他交很多的異性朋友，鼓勵孩子多參加團體活動。參與團體活動的同時，也能讓孩子擁有正確的性觀念，有機會和群體互動。

然而，現代社會有很多父母的作法剛好相反。零到十歲比較不在乎，不太管他的食衣住行，只要有上學就OK，別把

孩子養死就好了；等他長到十幾二十歲卻拚命地壓抑他，只要求孩子唸書拿文憑，根本是本末倒置。

在兩性關係上，父母應該扮演引導的角色，而不是一味的阻止。就像孩子要學開車，父母雖然該看著他，但總不能自己跳下去幫他開吧？孩子長大了，要跟異性出去玩，父母理當需要稍微瞭解狀況，可以教育他正確的觀念，不致於回來造成未婚懷孕這類的出軌，但不是一天到晚監視他，讓孩子感覺自己像個囚犯。

這就跟過河一樣，很多人是猛龍過了江，不是猛龍的就慘死在江裏，要不然就成了落水狗，這就出軌了。

交異性朋友原本是很正常的的事，但做父母的卻往往比孩子還要緊張，甚至不准或阻止孩子交男女朋友。

為踏入社會鋪路

在小學、初中、高中到大學階段，每個人都會認識許多同學與朋友。長期下來，也累積許多不良的人際關係、不正常的異性交往、失戀的創傷、同學感情上的摩擦，包括嫉妒、惡性競爭、小團體情節、人與人之間的壓抑……將來在公司、在社會裏的鬥爭與算計，其實早在學校圈子裏面，已經通通浮現出來了。

你想要知道一個人值不值得當一輩子的朋友，在這段時間已表露無遺。如果這階段已經滿身是傷，好像一隻鬥敗的公雞，往後踏進社會一定會有非常多的問題。相反地，如果這段時間建立了良好的領導能力，有著成功的人際關係，在進入社會時已經擁有該有的自信，生活就會非常不一樣。

若你在求學階段擔任過班代或班長，或是社團裡的風雲人物，有健康的心智與交友能力、溝通意願，當進入社會之後，交際手腕與自信心相對就會不同，因為這些能讓你成功的經驗，是從學校就開始累積的。

至於遊走在邊緣的鬥敗公雞，在進入社會的時候，就會有比較強的防禦心態，只要過去失敗的經驗揮之不去，工作的時候就容易退縮、受到挫折，感到失望、難受。

　　這樣的失敗情況，在二十歲到三十歲全部都會顯露出來～
你怎麼栽，就怎麼長。

　　十到二十歲失敗所受到的創傷，跟零到十歲是不一樣的。
譬如說，十到二十歲的階段很有可能會喝酒、抽菸、吸毒，
或是服用許多種類的藥物，甚至養成不正常的熬夜習慣，失
敗的交友經驗及不愉快的性經驗等等；這些都會影響往後的
健康與穩定性，影響未來的生活及心態，為失敗埋下因子。

很多不良的習慣，都是在青春期養成的。

任意揮霍的精華歲月

　　十到二十歲，應該是屬於學習達到「精通」的階段，但我大部分時間通通都浪費掉了。小學、初中的期間在幹嘛？幾乎都在玩。我都在外頭晃蕩，不太寫作業、不太讀書。這個時期是處於一種叛逆的狀態，並沒有決定要認真學，所有的時間都玩掉了，晃完了，真是傻啊！

　　雖然我有在學音樂，可是並沒有學到精，就沒辦法達到巔峰的境界。前面提到十七歲是巔峰時期，但前提是一路從四歲開始拚命學習，拚到十七歲才會到達巔峰，如果是從十五、十六歲才開始拚，幾乎不可能，更何況是十九、二十歲才開始？機會就差很多了。

　　零到十歲的時候，我養成很多不好的習慣，至於十歲到二十歲的時候，我又浪費了最精華的青春，揮霍掉所有的時光。雖然這段時間已經開始在賺錢，這些經驗對未來也有些幫助，可是大部份的時間都在吃喝玩樂，不僅抽煙，也喝了不少酒，整天跟朋友嘻嘻哈哈、言不及義，一天到晚往外面跑。

　　那段時間，我平均一年看了三百多部電影，還常聽音樂會、跑去約會，所有時間都在玩樂。如果玩得好，那些經驗可以累積成正面的力量。但是我完全沒有目標，完全沒有計

劃,那些經驗累積不了什麼作用。這樣的浪費時間跟揮霍青春就是出軌,沒有學到建設性的技能,也沒有認真打下成功的底子;原本應該去學、去衝刺、去練習的過程,卻完全沒有在執行。

　我浪費的,不僅僅是青春歲月,更是那些無窮盡的活力。現在回想起來,簡直是完全輸到精光的一場爛賭。

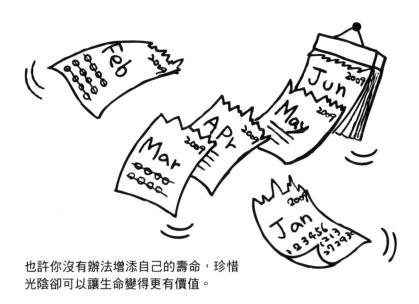

也許你沒有辦法增添自己的壽命,珍惜
光陰卻可以讓生命變得更有價值。

搞不清楚遊戲規則

在十幾歲的時候,我陰錯陽差地接觸文藝界及演藝圈的朋友。

當時的生活圈子裏面,有很多的攝影師、導演與名人。平常跟這些人相處,會有人問:「要不要跟某個導演在一起?」

「如果妳走這一行,我可以排個角色給妳!」

那種人際之間的關係很有趣。看到朋友圈中盛行的一夜情,我就覺得千萬不要走這一行,我一定玩不起,這也讓我覺得這個行業是不能碰的。

這裡要講的失敗,並不是指我沒有在演藝圈成名,沒有打入媒體環境或走入文藝界;而是自己沒有認清楚這一個行業的遊戲規則該怎麼走。然而,我卻把它想成「自己應該不適合吧!」,或想成「我不應該踏進這圈子」、「我沒有這個能力」,甚至想成「我不是這一種型」的人。

當懂了以後,就知道沒有所謂是不是這一種「型」的問題,而是它是哪一種行業,遊戲規則該怎麼玩;當你進入了這個行業該怎麼走,怎麼去接洽彼此之間的聯繫,了解工作當中的需要是什麼。這個東西如果你不了解,就會一直失敗。

我是
如何失敗的

這個失敗，在於我根本沒有給自己機會，也踏不進這樣的世界。失敗在於無法開始；失敗在於完全錯誤的觀點。

關於遊戲規則這件事，還有另外一個例子。

以前在找工作的時候，我在餐廳面試爭取彈琴的工作。對方經理很欣賞我，甚至連琴都還沒試彈，他就決定錄用我

不管是要交朋友也好，商場上做生意也好，都應該先搞清楚大家的共識在哪哩，免得跟其他人格格不入。

了，理由只是因為他覺得我長得很不錯。

我的經紀人跟我說：「你不必彈了，那個老闆已經看到你了，他很喜歡你，你錄取了。」我心裡就很不爽，我覺得你輕視我，你就只是看我漂亮就可以錄取了，甚至不必真的會彈琴，真噁心！所以我就不要那份工作了，心態相當的高傲、幼稚。

當時，我一直認為對方很跩，姿態擺得很高，為什麼不按照正常的面試過程試奏、表演，然後再決定錄取呢？那時候我年輕氣盛，把頭一扭就走人了，也不管那麼多。

但現在看來，發現其實是自己的問題，是自己反應過度。會生氣，只是因為不能接受這樣的錄取方式。其實我應該有能力接下這份工作，但是最後反而沒爭取到這份工作，實在很可惜，也很無知。

這個例子，失敗之處在哪裏？其實我的目的只是要去應徵、找工作，不管錄取的理由是什麼，應該把它當成一種成功，名正言順的接受這份工作，然後就去做。

得到這份工作的意義很重大，理由有三。

第一個，我是去找工作的。找到了，這樣應該是達到目的了。

第二個，我來應徵，而你願意讓我做，我就有機會得到訓練，得到這個經驗。

　　第三個，我做這份工作，如果真的沒有那個能力，到最後你可以把我fire掉。至少我應該保留機會。

　　雖然對方錄取的理由讓我覺得莫名其妙，但我直接說：「我不幹了！」這就是會造成失敗的態度。

　　年輕的時候，總認為社會很黑暗，女孩子出來工作要注意很多事情，心裡有很多忌諱。現在回想起來，當時只要有一點點不按牌理出牌的東西，我通通不能接受，也是自己的問題。

　　話說回來，如果別人因為你長得漂亮而選擇你，應該把它視為加分的優勢，沒什麼不對。不管是做空姐、做櫃枱、做專業經理人等等，對方也都可以因為你長得上相，而挑選你當職員。

　　我當時只想著：這很詭異，不是我可以玩的「遊戲」。其實，是自己不夠有自信。

　　因為自己對這些無形的限制有很多，讓我在社會起步也慢了很多。由於這樣的態度，對我的經紀人也很不好交代；他好不容易幫我找到一份工作，他很高興終於有佣金可以抽了，我也有了工作，應該三個人都很開心才對；結果卻因為我的錯誤觀念，搞成老闆也不爽、經紀人也不爽，認為我很不識相，也斷了自己的一條路。

　　對我來講，這也是一個很大的失敗；算是年輕瞎了眼，現在終於看到事實的真相。

　　觀念上的不成熟、自己的跩、不了解規則、把優點當缺點，結果把自己搞翻掉，這個失敗也讓我感到刻骨銘心。

當時覺得經理只是看我漂亮就可以錄取，所以我扭頭就走，搞成老闆也不爽，經紀人也不爽。我真的很不識相。

友情上的失敗

在友情上,我曾有過一個痛徹心扉的失敗經驗。

我一直在想:為什麼曾經那麼要好的朋友,原本彼此這麼喜歡對方,最後竟然會搞到她完全不理我,就好像斷絕關係一樣?這種感覺,讓我至少痛苦了十年吧。

其中的痛苦,在於一直不知道自己失敗在哪裏,如果知道原因,反而就不會覺得那麼難過了。

我跟她在唸大專的時候,彼此交情非常好,常常睡在同一間寢室。唸書、玩樂也都幾乎在一起,兩個人好的不得了。她跟我很多地方很像,她到我們家玩,有時我媽都會誤認,我哥也常把她錯認成是我。

但後來,她常跟我提到想要自殺的事,也常説要買安眠藥。她會跟我説蒐集了多少藥,甚至拿給我看。

我很緊張啊!就跟她談來談去,就這麼講了大概一、兩年,她還是想去自殺。她至少一個禮拜講一次。

到最後,自己也搞得很累,講到有點麻痺,已經沒什麼感覺。當時自己的生活也不是很如意,煩到已經沒辦法去面對的時候,乾脆就抱著「管她去死」的心態,把她説的話當瘋話吧。

沒想到最後，她就真的去尋死了。

要去死之前，她甚至還跟我說她的計劃，要去哪一個飯店開個房間，拿一瓶酒全部喝完，把那些藥一次嗑完，然後吩咐飯店的人不要進來干擾，就把自己鎖在那個房間裏面準備等死。

她把她的自殺計劃告訴我。我也不以為意，因為這樣的話我已經聽了不下幾千次了。沒料到，她就真的去了那個飯店吞藥了！後來，她被飯店的服務人員發現，帶去醫院灌腸才撿回一條命。雖然沒死，但變得口齒不清。

好朋友常會對彼此寄予厚望，但當期望遠超過對方能夠付出及了解的時候，就會造成彼此間的困擾。既然是好朋友，有話應該講清楚說明白！

我是
如何失敗的

　　她媽媽很緊張地跑來找我，很傷心地說：「她很難過的時候，一直叫妳的名字，可見她還是很想見妳啊！」

　　後來等到她清醒了，就公開表示拒絕跟我見面。

　　讓我感到不可思議的是，在她尋死過以後，就完全變了一個人。

　　以前的她從來不化粧。在這件事情發生之後，她變成都化大濃妝，整個人的穿著、色彩都改變了。在那之後，我還是想要跟她見面，偶爾講講話，可是她跟以前的態度完全不一樣，感覺就是不再那麼親近了，變得很冷淡，不太愛跟我在一起，態度變得很詭異。

　　過一段時間，她就表示：「我們斷交吧！」然後避不見面，就這樣斷了訊。

　　我一直想了很久很久，到底怎麼回事？怎麼搞的？

　　後來反省之後，終於知道我是怎麼失敗的。

　　其實，她真的跟我很好，她也對我寄予很大的希望，期望我能幫她做些什麼。可是她對我的期望，卻遠遠超過我所能夠做到的付出及了解。

　　當時的我有點像泥菩薩過江，自身難保。我沒有足夠的體力、精神去幫她。或許，現在的我已經有了這個能耐及能力。但很殘忍的是，現在的我願不願意去付出那樣的精神和代價？

現在回想起來，答案變得非常清楚！

但是，那時我錯在沒有跟她講清楚。我沒辦法理會她，或是不接受、不贊成她這樣做，但我並沒有表態，沒有跟她溝通自己沒辦法接受一直講關於自殺的事，而且也沒有很誠實的告訴她說：「我沒有這個心力，妳也不要冀望我會阻止妳，或是花時間陪妳一起難過。」

身為一個朋友，應該要幫到什麼程度？我覺得咱們之間認知的落差是很大的。

可能她會希望我能夠停止她，或是要我陪她，有什麼舉動之類的。我一直難過很久的理由，是不能接受失去一個一生當中最好的朋友。我真的非常喜歡她。

但是，現在我完全看清楚這個失敗怎麼發生的。我沒有能耐去挽救這件事，卻還一直想要擁有這個朋友，在這樣的落差之中，我一直譴責自己，在後悔跟失落裡度日——怎麼會沒去阻止她自殺？為什麼不多陪她一點時間？既然都知道她什麼時候要去自殺，怎麼都沒有去報警或是通知她父母？這種自責的心態，有點變成是這樣：我沒有阻止她、救她或幫她，就等於是要她去死無異。

就算事情已經過了好幾年，我還是一直責怪自己，走不出這個陰影。

我是
如何失敗的

我認為，她對我的怨恨，在於沒有阻止她去自殺。雖然自殺沒成功，但就等於沒這個朋友了嘛，那又何必來往呢？

我一直想跟她做朋友，可是卻又沒有真正阻止她去自殺，我難過的是她最後選擇不跟我在一起，拒絕和我做朋友。

我的失敗，是沒有完全負起當朋友的責任，無條件、無怨無悔地陪她，盡我最大的能力去阻止她，但我並沒有這麼做。

所以，這些失敗的痛苦跟所需承受的悔恨，理所當然是自己該吞下去的。

今天，我已經釋懷了，因為看清楚失敗後，雖然自己確實有疏忽的地方，沒有盡全力阻止她，但是回過頭來看這樣的

失敗的痛苦，理所當然是自己該吞下去的。就算失敗讓你痛徹心扉，然而還是得看到自己怎麼失敗的，否則就會沒辦法釋懷。

事情，就知道我難過的，是自己犯下的錯，而不是難過於失去她這個朋友。

我應該要很誠實的告訴他：「我已經承受不了了，我不願意再這樣繼續下去。」如果今天又有一次機會擁有這樣的友情，同樣的事情，我會在還沒有發生這件事之前就先停止她，讓她知道我很不舒服。我也不必非要和她做朋友不可，違背了自己的心意。

至於後面會怎樣，天曉得？

之前，我處理的方式有點像是兒女私情，一頭栽下去卻又不知道如何是好。若以現在的成熟度來看，我不會讓自己再犯同樣的錯，搞得自己兩面不是人。現在的我，也不會那麼看不開，或是堅持不能失去這個朋友。面對擁有與失去，應該是一體兩面的心態，兩者都有它存在的價值。

人，應該拿得起，也放得下，如此才是生存之道。

這種失敗令人傷心，且痛徹心扉，卻價值連城。看到怎麼失敗的，否則一直沒辦法釋懷自己這麼地愛一個人、一個朋友，最後卻沒辦法在一起。

她有這樣失控的狀態，但在情感的路上，我沒辦法理解她失控的原因，一直很痛苦、很自責。現在我終於可以從痛苦當中得到解脫，有一條路可以走出來，否則痛苦的情緒會卡

在那裏，甚至事隔多年都無法擺脫。

這也是另一種人生的遊戲規則。人跟人之間有很多的糾葛很無奈，你不曉得該怎麼辦才好。我覺得，其實怎樣都好，你一定要有一個抉擇，你要有自己的原則，你要知道自己玩的遊戲是怎樣的遊戲，否則，你就被遊戲玩。

現在，解決了情感上的障礙。了解這個領域之後，我自由很多。

當解脫了人生當中一道又一道的枷鎖之後，就可以輕鬆自在地邁向自由的道路。

成功，不能只靠天賦異秉

　　我從小就愛跳舞，但一直有失敗的陰影在。由於小時候留下不愉快的經驗，老師把錢當成衡量的態度，就算我長大了，學習任何其他的舞蹈，都還受到影響。我一直刻意要忘記沒錢學舞的經驗，但還是一直受到挫折。

　　等到我四十歲的年紀，才有辦法真正不受影響地去學。可是，以跳舞的年紀來看，我已經很老了，相當感嘆。人家說，學跳舞的就是要有錢、有閒，而且還要年輕。很可惜，當我想學的時候，那些最關鍵的條件我都沒有了。

　　以前我一直以為只要自己有天賦及興趣，就可以吃定天下，搞定一切。可是，事實上並不是這樣，以學舞來說，還是要有錢、有閒、有青春才有辦法，因為老師還是會看付錢的多寡來決定。

　　後來跟外國老師學舞的時候才發現，會不會跳其實不太重要，學舞過程中有很多跟實力無關的「政治」因素。像是要拜碼頭，要跟所有的教練都認識，多付一些學費，甚至還有「包紅包」、開好車、請客、穿漂亮衣服，才有機會出頭。

　　所以，成功不是只靠天賦異秉就行。除了自己本身要很有能力、很願意學之外，交際手腕、遊戲規則那些事情不能不

我是
如何失敗的

會。如果你不了解這一點，就一定不會成功，而且會輸的莫名其妙。

我最大的失敗就是沒有戰勝這一環，不夠認真去跟人家打交道。如果真的去跟人家打交道，最後一定會有一席之地。可是自己從來沒有真的去建立關係，一直活在黑暗的人際關係當中，也從來沒有清醒過來，完全不知不覺。

想當初，我只是單純的想跳舞，並不懂跳舞這個圈子裏的規則是什麼。我只是很想彈鋼琴，可是並不知道鋼琴師這個領域的規則是什麼。投入某個領域原本不是壞事，但是踏上這條路出來的人，結果會是什麼？最後若能夠成功當然是最好；如果最後失敗了，多數失敗的原因都在於不知道遊戲規則，不知道踏進去之後要付出怎樣的代價。

但這樣的失敗，卻造成內心深處無法痊癒的傷痕，非常不必要，也大大的影響了後來的人生。這是非常值得探討及研究的區塊！

不管從事哪個行業，成功者除了有自己的條件之外，還必須了解該領域的遊戲規則。

凡成功者，必定歷盡滄桑

有的人只知道自己喜歡打球，於是參加訓練，變成國手。在比賽過程中，教練可能會叫你故意放水，或是叫你撐誰上去，或是在重要時刻突然決定不要你出場，換誰出場等等的事情。

有很多事情是選手一開始都不知道的。你開始打球的時候才唸小學或初中，那時仍是懵懵懂懂；等到打出個名堂以後，差不多已經二十幾歲的成年人了。當中的挫折、創傷、成功、失敗，還沒有踏入圈子的人是沒辦法知道的，而且有人玩得出名堂來，也有人一輩子就是玩不出什麼好成績，還搞得自己一身是傷。

每個行業的傑出者，都會經歷很多奇奇怪怪的事件。在這些冒險之後存活下來，真的是歷盡滄桑，很不簡單。這些成功者除了有自己成功的條件之外，他們都願意了解並且欣然接受遊戲規則。

表面上，我們看到成功者走得這麼順利，這麼風光，實際上在他身上有著多少傷痕，或是多少的不愉快，我們很難曉得。

也有很多人沒辦法忍受，玩不下去，最後崩潰了，是因為他根本不知道按遊戲規則所走出來的結果會怎樣，經不起這

當中的風浪，也受不了過程中的酸甜苦辣。那種崩潰的情況，會讓自己像是一隻鬥敗的公雞。

這樣的失敗，通常會換來兩種心情。

第一個，就是自己的能力不到那裏，不是那塊料，不是吃這行飯的人，實力不到那裏，只好怪自己無能，努力不夠，或是沒有別人那麼拼命。關於這一點，要吞得下去。

另一個，就是不懂得遊戲規則，所以玩不出一片天，沒有那個條件去玩，也不懂其中的道理。最後死的不明不白，只能怨天尤人，還以為自己懷才不遇。

以演藝界來說，有姣好的外貌才有辦法當偶像歌手，有出色的表演天份才能在舞台上發光，如果沒有那些基本條件，自然玩不來。就算有這樣的基本條件，你還要有足夠的意願去闖、去做、去突破，你必須要有那個能力、胸襟、氣魄去玩，才有機會成功；就算你敢玩，還要禁得住，受得起，還要有超過常人的毅力，堅持到底！

這種各行各業的遊戲規則，若沒有高人指點迷津，沒有遇到真正願意拔刀相助的貴人，你就這樣隻身闖進去，就像走進迷宮沒什麼兩樣，就算全身而退之後，傷痕累累也不讓人意外。成功當然是少數，失敗的是絕大多數，對於這樣的失敗，也是一樣要能夠吞得下去。

　　但重要的並不是結果，而是看待人生的心態。失敗真的不可怕——如果你夠了解失敗是怎麼回事。如果可以坦然面對失敗，你會發現也滿有意思的。人生不是只有成功了才會快樂，失敗一樣很可貴，重點在你有沒有學到、體會到、了解到；若有，你將會發現心中是舒適的，是平靜的。

不懂遊戲規則，就像走進迷魂陣裡一樣可怕。成功的人是少數，失敗者佔絕大多數。

要有拿下冠軍的氣魄

像當演員為例，那些成功者在出道的時候，可能有星媽，可能有很好的經紀人，有很多人幫他護航，但重點是他自己必須具備這樣的野心，一定要成為明日之星，不管頭破血流都要走下去，就會殺出一條血路來。

當你不懂這個道理，也沒有這麼大的雄心壯志，不管是在音樂或舞蹈上企圖心都不夠，最後失敗了，也不足為奇。

以音樂來說，我只是一直想要更有才華，可是我並沒有想成功，基本上就已經完蛋了。至於在舞蹈上，我也沒有那樣的能力跟條件，而且只想做個業餘的舞者，並沒有想要達到職業的水準，或想要讓自己變得很厲害。當然，你也可以說這只是一種決定，人各有志，但你必須很清楚自己要什麼才行。

另一種失敗，就是完全不懂遊戲規則，所以連業餘的水準都沒有辦法玩得起。我從事顧問多年，認識這麼多一等一的好手，他們都具備一個很重要的條件，就是擁有「我一定要拿下世界冠軍！」的決心。

你要有那種胸襟、那種氣魄、那個氣勢才會成功，否則最後只是一身創傷，甚至還一無所有，弄得烏煙瘴氣，更慘的是還會憤世嫉俗。

　　成功是要有條件的。並不是説你很喜歡，拼命練、拼命做就一定會成功，沒有那些條件，你就沒有辦法真正走出這個失敗的迷宮。所以，失敗真的很耐人尋味，看清楚原因之後，就會感到很釋懷，心情很坦然，很痛快。

　　當心態不一樣之後，自己要玩怎樣的遊戲，要進入什麼樣的世界，態度是很正面的。我現在才覺得自己準備好了，但是年紀已經五十歲，年過半百才準備好，很多人都要退休了我才要開始，這也是一個很無奈的事情。不過，這就是人生。

　　因為當時沒有去剖析，所以連為什麼會失敗都搞不清楚；現在清醒了，看到問題是出在自己的無知與幼稚，一切都恍然大悟。即使你很有能力，懂不懂遊戲規則仍是另一回事，要有極高度的興趣才能懂。

　　不管是什麼事情，就連搞媒體、搞政治也一樣，能力只是基本的條件，如果你想要玩得好、玩得比別人出色，就得真的要懂政治是什麼、要懂選舉是什麼，若能懂圈子裏面所有的規則，就能玩得很好。

　　至少當你是真的在玩，而不是被玩的時候，還真的不太在乎會不會失敗──願賭服輸嘛！

Chapter 03
20~30歲

正所謂「世事洞明皆學問，
人情練達即文章」。
二十幾歲的階段如果可以了解
在人情世故方面的經驗並調整自己，
放棄那些不切實際的念頭，
就能讓自己在人生的遊戲中如魚得水，遊刃有餘。

古有明訓：「成家立業」，也就是二十歲到三十歲要做的事。

照常理而言，應該先結婚再奠定工作基礎，經營事業，創造經濟。然而，現在的功利主義造就一般人抱著「先有錢、再結婚」的觀念，真是要不得。

這個階段，男生要找到對象結婚，女孩子則是生孩子的黃金時段。女孩子在這段時間生孩子身體比較不會變形，產後比較不易復胖，也有足夠的體力跟小孩子在一起；生下來的孩子相對也比較健康，體質較好。

但是，現代人卻不大願意在這個階段完成終身大事。整個時程延後的原因，就是社會觀念及教育型態逐漸轉變的問題，很多人還沒有讀完碩士學位，更甭談有賺錢的能力、有足夠的經濟基礎，成家立業的時間常常會延遲到三十到四十歲，這就是「失敗」的開始。

雖然現今社會普遍晚婚，但基本上來說，還是二十到三十歲成家會比較「正常」一點。也許經濟上沒那麼充裕，但是整體的體力、精神情況都比較好，也有本錢去照顧小孩，自然會加速學習成家立業及進步的腳步。

看看我們上一代的父母輩，或是上上一代的祖父母輩，他們幾乎都是吃過很多苦才熬過來的。本來吃點苦，就是

人生的樂趣與體驗，否則怎麼能算是活過呢？又哪能體會到苦盡甘來的滋味？然而，上一代的捨不得讓下一代的孩子吃苦，常給予過度的保護，加深了現在拼命唸書、晚婚的價值觀念。

與社會相連結的正軌

　　一般來說，這階段也是大多數人真正開始踏入社會的第一步。雖然你已經成年了，但對於社會來說，卻只是一個小baby的等級。你需要被上司、夥伴、老闆照顧，有很多社會、人際、工作的東西需要被教育及學習。

　　剛進入社會的時候，如果沒有被照顧教導，或是遇到有人虐待、老鳥欺負菜鳥，或是職務被冰凍之類的職場問題，漸漸就會養成憤世嫉俗的態度，對公司、社會抱持著灰色的看法。一般人並不了解，這將會造成悲劇性的人生，漸漸由個人層面影響到家裡成員的生活品質。

　　相信你一定看過有些人抱著非常變態的想法：他們老是抱怨公司很糟糕、社會很糜爛，但不管這個環境有多麼爛，反正有拿到薪水就好。在二十歲到三十歲若是被欺負、壓榨過，自己的品格也不夠良好，不認真做事、沒辦法刻苦耐勞、禁不起磨練、沒有認真學習成長，都會造成往後的影響，自甘墮落，自暴自棄。

　　我認為，成家之後的女孩子應該要以家庭、孩子為重，如果孩子沒有被妥善照顧，未來的主人翁沒有健全的心智，這社會就沒有將來，沒有希望。並非女人一定得犧牲自己的事業及興趣，而是要將更多的精神放在下一代身上。

　從懷孕開始，就應該好好的照顧自己的身體和胎兒，把小孩生下來後，要花精神去愛他、陪他、教育他。當你要照顧孩子的時候，你也同時要被社會及他人照顧，這等於是一個相互合作的時段，也是一個健全社會的型態。

　成家之後，所謂的「正軌」不僅是丈夫與妻子之間的合作，還應該包括與社會、團體互相交流，否則下一代就沒有將來，沒有希望。如果孩子們沒有被好好關心，孕婦也沒有被妥善照顧，或是精神狀況常常不好，孩子在父母一天到晚吵架的環境中成長，社會問題就會一直不斷地產生，且不斷地惡性循環下去。

成家立業，表示你有足夠的能力去面對人生未來的挑戰，有能力負起更多的責任。這個能力並不只是經濟上的能力，而是真正成為一個「大人」的能力。

**我是
如何失敗的**

失敗的婚姻

我在二十歲出頭就結婚了。但是，那是因為要逃離家庭的控制，所以才用結婚的理由跑了出來，並不是以廝守一生的心態去結婚，並沒有想要戀愛一輩子。

當時，我的人生一塌糊塗，實在不曉得該怎麼辦才好，所以當下就做出錯誤的決定，胡里胡塗結了婚，也很快地離了婚。

那場失敗的婚姻本身，製造了很多的痛苦跟傷害。這場婚姻給我的感覺是完全沒有將來、沒有希望，既沒有愛做為基礎，我自己也沒有真正地在經營。結婚之後，才發現兩個人完全不合，過著不是自己想要的日子，生活也沒有目標，再加上公婆的壓力，讓婚姻雪上加霜。維持了一年九個月之後，終於離婚。

當初結婚的原因，只因為對方覺得我很漂亮，所以想要娶我。他可能是想成家，想要有個老婆，可是，卻完全不知道我是一個怎樣的女人。至於我自己，只是覺得好像有一個機會可以搭上這條船，或是像泰山拉到一條藤就趕快握住，藉此離開一個地方的那種感覺。

在那時候，我只是很想從二十歲之前累積的巨大創傷裏面脫離，但很不幸，又陷入另外一個錯誤的深淵。

其實，我在結婚之前，感情上已經心碎了。那時才二十歲出頭，不太清楚婚姻到底是怎麼一回事，該如何經營，沒人教也沒人關心，心裡相當茫然。也因為過去的失敗，造就了許多的錯誤。

不知道自己為什麼走上紅毯，身上披著美麗的白紗，卻一臉茫然。

我是
如何失敗的

　　有很多怪事，就在那種時候發生——訂婚照相的底片全部都洗不出來，而且還是請專家來照的！婚禮當天我沒有戴隱形眼鏡，什麼都沒有看見，全部的印象通通都是模糊的，完全沒有看到發生了什麼事情。我只知道，當時的整個心態是非常悲傷、非常難受、非常不快樂的。

　　結婚以後，我和前夫的感情非常不好。我們很少講話，也很少在一起，甚至也不清楚他到底在做什麼。戀愛時候所看到的，跟結婚時看到的不太一樣，他的工廠或辦公的地方，我到過的次數少之又少，倒是我婆婆經常在那兒。一直到了今天，我還是不太清楚他到底在做些什麼事情，也不清楚發生了什麼事。

　　對我來說，這是非常糊塗的一場遊戲。因為破碎的心，無奈的生活，無知及愚蠢，自己不負責任，根本沒心去經營感情而導致一再的失敗，造成心裡到處充滿坑洞，自己踩進陷阱卻不自知。這樣的失敗實在叫人痛心。

不學無術的日子

在二十歲之前，我的失敗是在於不唸書，二十到三十歲則是完全的荒廢，浪跡天涯四處遊蕩，日子過得非常墮落。抽煙喝酒、吃喝玩樂、不學無術，不僅傷害身體也一事無成，完全地迷失自己。

當時幾乎都在打工，可是我都是做簡餐、家教、打掃的零工，就算賺了錢，也沒有真的去想以後的前途，過一天算一天。

我不會講英文，也不會寫東西，不會做事、不會做生意，幾乎什麼都不會。我覺得自己好呆，簡直是笨到可惡。

直到在二十八歲那年，才開始戒煙戒酒，為了身體健康、精神狀態的改善（主要原因是怕醜），開始把過去失敗的錯誤慢慢彌補回來，特別是在三十至四十歲的那個過程，是非常艱辛痛苦的。

這個時期，看著和我年紀相仿的人有了工作，也有了家室，學業有成。對一個非常不成熟、不自信的自己來說，是一種難以言喻的挫折與打擊。

當時的我走投無路，不知如何是好，簡直就像走到人生盡頭般的困窘，只能用頭破血流、鼻青臉腫、灰頭土臉來形容。生活裡所有的一切，都不是自己想要的。

我是
如何失敗的

　　在二十至三十歲生涯最後要結束的日子裡，我花了兩年的時間做了最後的抉擇，要扭轉這一切。雖然也沒有真的很拼命，至少我很認真的調養好自己的身體，減肥、運動、靜下心來，檢視過去放任的生活，重新整理心情，再次出發。我開始努力唸書學英文，遇到每個生字都仔細查字典，再次面對原本應該有的正軌，讓自己繼續走下去。

　　什麼叫吃苦，真的是如人飲水，冷暖自知。這當中的轉折，只有我自己才知道。

　　除了下定決心之外，最重要的就是要一直磨練，磨出自己的耐力及恆心。羅馬不是一天造成的，所有出軌的事情都已經荒廢那麼久，不可能期待在短時間之內就能有所改變。所以，我決定要從頭開始唸書，對身邊的一切事情有所研究，鍛鍊所有的事，包括健康、身材、理財、工作基礎等等各方面。

　　若不能鎖定目標，持之以恆、堅持有品格的努力下去，我心裡很清楚，往後的人生是不可能有機會成功的，甚至連活下來都很困難。

　　於是，我開始戒掉自己亂七八糟的飲食方式，不再亂喝亂吃，也開始執行我最討厭的運動，認真的閱讀每篇文章，即使只是一本平常的雜誌，當中簡單的廣告，我都一個字一個字去唸。關起門來，一個人認真的面對自己，平平靜靜，乾

乾淨淨的做好每件事，正視自己的每一個細胞，每一根頭髮。這時候，我的人生才開始準備起飛。

我知道，自己一步一步上路了。雖然我起步晚的一塌糊塗，但至少有希望了。

傑出人士與與平庸之輩最根本的差別，並不在於天賦，也不在於機遇，而在於有無人生的目標，並持之以恆地不斷向目標邁進。

失敗，也要有條件的

有許多人在一生當中，或多或少會碰觸到像我這樣墮落的情形。可是，大部份的人都會困惑很久，走不出困境。我相信，我絕對不是唯一受過這種創傷的人。但至少我走出來了，有一個明確的答案，可以找出一條路，提供給願意走出來的人做為參考。

這種「柳暗花明又一村」的感覺，很多人會有共鳴。而且，有很多事情隨著年紀增長，看得愈清楚。

我發現，其實當時所謂的「失敗」並不一定真的是失敗，但一直要到了現在這個年紀，才能明白這種「失敗並不是完蛋」的境界。

以前，我會認為從五、六歲就一直在一起的小學同學，時間已經過了那麼久，幾乎有四十幾年的時間，感情應該會很要好才對。過去的我，會認為這份友誼很珍貴，也一直覺得絕對不能斷了這份情誼，要去哪裡才能再找到一個四十多年的朋友？所以，我總是特別珍惜這份感情。

可是，友情能怎樣珍惜呢？能跟對方怎樣更好呢？能創造的情誼，並不是因為咱們是四十幾年的朋友，或是你是我的小學同學，所以咱們就一定會變成多好。

創造兩人之間的交情，本身是要有條件的，是要有理由的，要非常用心去栽培的，要看自己有多少的決心去培養這份情誼。最重要的，是雙方都要認同並取得共識要在一起做朋友。

如果你認清自己沒有這樣的熱情，和朋友的交情就一定不會成氣候，或是對方沒有意思和你這麼好，或是他沒有這樣的熱情，一個巴掌是拍不響的。彼此想要談得來，也是一種條件。換句話說，你不該把「沒辦法和對方很要好」這件事認定是一種失敗，甚至把它視為是人生中的一種失望。

以前我會認為，人生為何那麼失意，那麼沒趣？為什麼都快過了半個世紀了，自己卻那麼沒有成就，沒有幾個交心的朋友？好不容易找到一個認識那麼久的朋友，為什麼彼此之間的交情不像自己想像的那麼好，那麼深，那麼真誠？

如果是過去，我都覺得自己快發瘋了，為什麼自己會那麼地失敗？但在今天，我就覺得豁然開朗。

我終於了解，當自己並不具備熱忱、決心跟毅力的這些條件，朋友之間「交情好」這件事情是不會發生的。這跟化學變化、物理狀態是一樣的，就像拋物線一定是這樣升起、這樣下去一樣，如果沒有A＋B就不可能變成C，這是一種化學變化。

換句話說，成功要有基本條件，但最後會失敗，也是要有條件的。如果沒有這些條件，或是少了某些條件，預期的結果便無法產生。

當我了解到這些件事，心裡就坦然許多。人生何來失敗之有？這本來就是可以預期或估計出來的命運。

所以，「真正的失敗」跟這種「不是失敗的失敗」，自己要認清楚，不要一直以為讓你感到挫折的每一件事情都是失敗。

一般人都在研究成功者如何成功，卻從來沒有思考過失敗者如何失敗，所以也不知道失敗也是要有條件的。

反省過多、批判過深

　　以前的我，總是把這種理所當然會遇到的挫折視為一種失敗，很痛苦地搥心肝，不斷地在反省自己，想著我是如何失敗的，反省我是如何做錯的，找出自己是多麼地不道德。我幾乎一天到晚都在反省，最後才發現：原來很多事情並不是自己想像的那樣，反省並不是進步的唯一辦法！

　　很多人知道成功要有條件，但失敗也是一樣要有條件的。

　　有些事情，原本就不具備會成功的條件，所以最後會發生那樣的結果，並不能算失敗，就像沒用功唸書所以沒辦法拿一百分，因為那是理所當然會發生的事。

　　在做任何事之前，自己都應該要先搞清楚成功與失敗的定義；若聽到有人說「雖敗猶榮」的話，也就不難理解那是什麼意思，是什麼境界了。

　　在過去，我最常幹的一件事情就是胡亂地審判自己，然後再不斷地自我反省，甚至更變態的處罰自己，討厭自己。我至少花了二十年的時間在反省。

　　反省並不是不好，而是當反省的時間過多，或反省的思考模式並不是真正合理、科學的分析，只是把情緒放在鬥爭、審判自己，不僅非常不必要，也沒有任何好處，反而會給自

我是
如何失敗的

己帶來更大的傷害。那也是造成失敗的另一個原因。

這樣的行為，常會對自己矯枉過正，會對自己有很多的評估或貶低，把自己想的很無能、才華不夠、太愚蠢，或把自己想成不夠努力，於是就很悲觀的認為人生就是這樣，自己是個衰人、壞人、爛人，好運不會輪到我頭上，乾脆去死算了……這樣的人生，怎麼可能會有熱情？

如此一來，生命變成了灰色，也喪失了勇氣。在這樣的情況之下，就算咬著牙、硬著頭皮完成目標，也不會真正的快樂。

所以，在我的失敗裡面，有一個最重要的關鍵就是「反省過久、反省過多、批判過深」。

以前，我的座右銘就只有兩個字——「忍耐」，寫在我桌上，每天提醒自己的，就是這兩個字。在忍耐當中變本加厲的自我反省、批判，光是搞這個就搞了二十年，只差點沒把自己整死。過度地千錘百鍊，把自己都敲扁掉了。

為什麼不斷地反省還是會失敗？

因為不懂的規矩還是不懂，有很多條件不符合，定位不正確，把自己原本會成功的機會都搞砸掉了。這就是無知的恐怖，就算再怎麼反省，也幫不了自己。

前面提到的失敗當中，都包括了一個關鍵——就是自己看不清楚遊戲規則，卻誤認為自己才華不夠；一直看不清楚友

情應該在什麼樣的條件之下才能被創造出來，卻又把它當成是自己不夠負責任，或自己不夠努力地去付出，好像我付出去的愛是不夠的，該做的不做，不該做的卻做了一堆。

其實，那時我自己都已經心力交瘁了，但那個狀況我自己卻都看不到。

這也是會失敗的一個很重要的原因——盲，瞎忙。

了解自己是怎麼失敗的，讓我更自由，更有空間呼吸，也讓我治癒了過去的傷痛，從傷痕累累的環境裏走出來，最後彷彿船過水無痕，這是非常美麗的境界。

看清楚自己的失敗，坦然面對，這是人生成功的一個條件。至少不再痛苦，而且知道快樂是可以追求、可以獲得的。

忍耐是我桌前的座右銘。
忍耐沒什麼不對，但過度
的反省就會變成自貶。

一直要跟對方很要好

在朋友交情上，我有一個盲點。

從小，我就一直希望跟別人很要好，也不知道理由為什麼，就是一直想要跟大家都很好。有時候我甚至覺得，為了要跟人家很好，自己的態度實在很變態、很卑賤，甚至開了公司之後還是一樣。

所以，後來我的員工對我說：「別人就不要學，你還是硬要教！」在我聽起來，會覺得這句話是很慘忍的形容，卻也很寫實的印證了我的個性。

我對於重視的事情有很強烈的企圖心。以朋友來說，我很希望對方可以過得好，一直希望對方嫁人，一直希望對方幸福，一直要求人家改正；別人會覺得我很強勢、咄咄逼人，那就是我以前的個性，也是年輕時的失敗。

若是以前，我會覺得自己很痛苦，但現在不會了。現在我不覺得在逼迫對方，也沒有非這樣不可，就只是儘量幫助到成功，而且既然這條路是生存的，一定非要這樣走不可的話，那我就會幫助你。但前提是，你一定自己要有意願，如果沒有意願的話，那再怎麼幫也是沒有用。如果你不願意接受幫助，你可以說你要離開，現在的我已經能夠坦然接受。

　　如果是以前的我，會一直覺得很痛苦，但我也不知道為什麼會這樣，簡直是莫名其妙。現在破解了這個魔咒，終於知道怎麼失敗的，就算被拒絕了，對於幫助別人還是一樣有很大的熱誠。

　　我不會再逼自己一定要跟別人很要好，也不再逼別人一定要跟我很好。有意願的人才來交朋友，沒意願和我交朋友的人，我也可以完全了解對方的想法，所以就不會覺得痛苦了。

　　如此一來，人生便延伸了許多的空間，生活也開拓了更大的舞台，不再像以前一樣老是鑽牛角尖。這也正是所謂的海闊天空。

一直希望跟別人很好，常拿熱臉去貼冷屁股，是我個性的寫照，也是年輕時的失敗。

　　在這樣轉變的過程當中，我覺得最偉大的地方，是在於一直找尋自己的失敗，化解了過去解不開的陰霾之後，我並沒有減少任何去愛人、教育、交朋友的熱誠。身經百戰之後，雖然受傷連連，卻仍然可以船過水無痕般地全身而退。

　　如果你真的知道自己怎麼失敗的，就有機會去突破，這樣遇到極限之後的突破，會讓你所保持的熱忱一點都不亞於過去，反而有過之而無不及。

　　就算朋友要離我而去，我不會跟他撕破臉，我會給對方很大的空間，不會有恨，也不會讓對方成為生命中的負擔。我不會背著難以承受的包袱，讓自己難過的要命，不會莫名其妙地在那邊獨自承受著痛苦。

　　這是過去在友情裡面慘痛經驗的收獲，也是在人生各個層面、不同領域中，一個價值連城的體會。在生活中，可以多了一個角度去欣賞不同的人、事、物，這樣的境界，真美。

從二十歲才開始，會遇到的瓶頸

所謂的高手，最頂尖的冠軍，幾乎都是從小就開始培養的。如果從二十幾歲再開始練，效果會差一大截。

以在學習音樂上的失敗來說，過去我一直不知道自己失敗在哪裏，只是很努力地在拼命練習，卻總是沒有別人精通，有一種跨不過門檻的感覺。我一直以為才華跟能力比不過別人，一定有所差別。

除此之外，我還有一個很大的啟示。小時候一定要有訓練的背景，才有機會變成箇中的頂尖高手。

不管你是要打高爾夫，或是游泳、騎腳踏車、跳高或跳遠等等，所有最佳的訓練時間都是在小學之前，起碼要打好基礎。一旦過了這段時間以後，你想要贏過那些從小就開始勤練的人，幾乎是不太可能。

當然，在唸國中、高中的時候一樣可以練，但如果到了高中以後才開始學、開始練，除非你練得比別人多很多倍，不然根本比不過那些從小學就開始努力練習的人。若是這些人比你更認真，那你就輸的更多了。

我在音樂上雖然有些造詣，但小時候實際練的很少，也聽的很少。小時候家裏比較窮，沒有錢買鋼琴，有很長一段時

我是如何失敗的

間都只能在桌子上練習，沒有機會真正地努力在練，也不太知道自己長大是不是要當音樂家，只知道自己非常喜歡音樂而已。有練還是有差，我的音感雖然很不錯，但比起專業水準就是有差，畢竟桌子不是鋼琴。

在樂理上，我的成績很好，但那是靠學習累積的成果，與年齡沒什麼關係。樂理是一堆的理論與知識；但在實際彈奏方面，我有很多障礙沒辦法突破。

比如說，我的手掌天生就是比別人小，後來不斷地練，雖然把手掌練寬了，但手指還是很短，光這個先天條件就彈不贏別人。其他的，還包括感覺，聽覺等等，這些都是要努力練出來的，沒下過苦功就是不行。

本來我一直認為，凡事只要靠努力就好，一直到了二十幾歲都還有這樣的想法，但最後終究是失敗了。

失敗在哪裏？在於我很天真地以為「只要努力就行」——不行，光靠努力是不夠的。

有很多能力是有年齡限制的。尤其在這個物質宇宙的世界裡，有很多事情是需要靠時間累積去計算的。就像老樹有年輪，舞者有舞齡，工作有年資，這些都是要靠時間去累積經驗的。

即使我從十三歲到二十三歲很認真，這個十年比起人家從

三歲苦練到十三歲，一直再到二十三歲的這段時間，累積的實力已經相差太遠了，不只差了十年，而是最精華的十年。所以你差了98％，根本是天壤地別，遇到的瓶頸當然過不去。這樣的瓶頸，必須要先能了解及做好心理準備，否則，就會莫名其妙的受到創傷。

很多人的人生「痛」得很悽慘，因為缺乏了解及心理建設，只知道失敗或自己過不了這一關，但又不明白究竟是怎麼一回事，為此痛苦一輩子，其實非常的不必要。

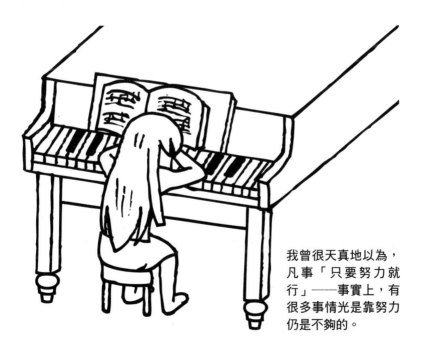

我曾很天真地以為，凡事「只要努力就行」──事實上，有很多事情光是靠努力仍是不夠的。

　　我曾經很天真地以為努力就好。在二十到三十歲這十年我很努力，可是卻比不過從十歲就開始努力的人。

　　後來，我有一個很深的體悟——原來不光是努力就夠了，如果努力的方向、努力的基本知識不對，就算花了很多力氣，還是突破不了原本該突破的瓶頸，表現出來的成績，還是很有限。

　　在專業領域的角度來看，也許你會覺得很努力應該就夠了，實際上你最後只能是個通才，也就是什麼都會，但都不是很精通。如果你想要達到專業水準，除了要有天份之外，還得加上很多的努力，而那些天份，是要從小就要開始培養訓練的，還要有適合的老師、好的環境、正確的方向、對的時間，有許多因素都要「對」。

　　如果二十歲才要開始練，不管練什麼，我個人認為，未來你要達到專業水準的機率也許不能說是零，可是也不太可能超過專業人士的水準，機率低得可憐。

　　以練琴來說，若你硬練個三、五年，很認真的練，再加上本來的音感、節奏感都不錯，也許可以彈一些普通的曲子，可以把彈琴當作興趣來滿足自己；可是，卻永遠沒辦法跟那些已經彈了十年、二十年的人相提並論。

　　你能超越那些高手的機會是微乎其微，幾乎沒有辦法。

如果起步比別人晚，想跑贏人家除
非天賦異秉，不然機會相當渺茫。

後來，我在二十六歲音樂班結業的時候，也同時宣布「退
休」了。

為什麼？

因為我領悟到，也許未來會再進步一點，還會再往前一點
點。但到老、到死，都永遠沒辦法走到那麼遠，光是要持平
就相當困難，能進步的幅度非常有限。

過去我常告訴別人：「我是個失敗的音樂家」，以這樣的
開場白，來作自我介紹。在畢業演奏的同一天，就是我宣告
退休的日子，所以在那之後，我再也沒有真正地練過琴。練
了十年，已經夠了，因為也不會有更好的結果。

這個失敗在哪裏？

我是如何失敗的

在於起步的太晚，錯誤觀念是以為只要努力就可以彌補，我就拚命地彈，把整隻手彈出關節炎，甚至還扭傷。就算把手練到殘廢，有用嗎？

當我決定結束之後，難過了三年之久；一提到鋼琴我就會哭，非常難過。那種痛，是因為我發現無論再怎麼努力都無法突破，都是枉然，前面的努力全部白費了。

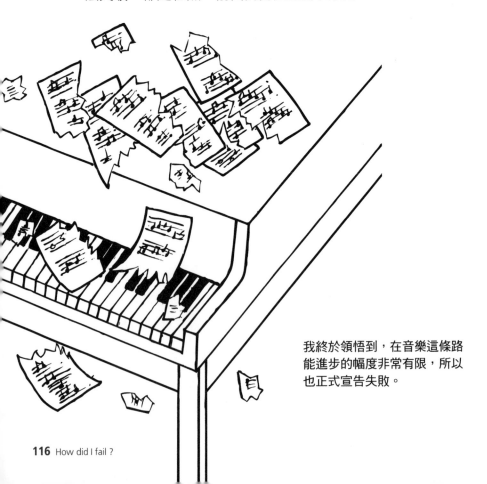

我終於領悟到，在音樂這條路能進步的幅度非常有限，所以也正式宣告失敗。

找到自己的路

即使我在學習音樂的過程相當慘，但也要感謝這個教訓。我從沒有因為這樣的失敗，就決定以後不再努力。

「努力就好」是絕對錯誤的觀念，除了努力之外，一定還要有其他的關注輔導、正確的方向跟知識，才有機會成功。但學音樂失敗的經驗讓我了解很多很多的人生道理；接下來的人生，也讓我完全明白什麼是「隔行如隔山」。

於是，我開始決定轉行。

我一直在尋找一個事業，是自己老了還是可以做，當然還是要努力，但永遠不會太晚的終生工作。我一直在找我到底要幹什麼、喜歡什麼，什麼才是我的最愛。於是，我找到了一件事，是可以活到老、學到老的──就是理解。

為了理解，可以去演繹、規劃、推論，可以不斷在生活中學習，不斷的增進溝通能力，幫助他人教育學習，讓生活的各個領域更有趣。

從理解再繼續延伸，我走上了顧問這條路。

我找到自己的條件，看到我的興趣，我的熱情。我是一個很適合做事的人，從小就很愛做事，做很多很多家事、很愛講話、很愛交朋友、辦很多的團體活動、帶動團體氣氛……這種

練來的天賦，該怎麼樣把它延伸成將來事業發展的條件？後來我發現，在團體當中，我是一個很優秀的領導人才。

在團隊當中，我常擔任領導的職位。有時候學校樂隊、合唱團、校隊要比賽的活動，一群四十、五十人或上百人的團隊都是我在帶，所以對於團體的各種細節很敏感，自然也比較熟悉領導的要領。

這是被訓練出來的能力，在團隊裏的生活經驗變成我的重要資產。長大之後，我在團體中很自在，因為從小就習慣去

從小在團隊當中，我常擔任領導的職位。長大之後，在團體中能夠很自在，也能勝任領導工作。

過這樣的生活。這裡要強調的是，你應該注意自己小時候比較擅長做什麼，以那些條件做為將來發展事業的根基，會比較得心應手。

「只要努力就好」的這種觀念，是會出問題的。也許訓練出來的能力，是經由努力所獲得，但並不是只靠努力就一定會成功。重點是，因為你擅長，而且一直有在培養的那份努力，造就訓練出來的出眾才華，這個東西會很有價值。

因為你能勝任，而且會很舒適、輕鬆、自然。

雖然我的人生起步的很晚，但也因此深刻體認什麼才是自己真正的才華，什麼才是自己具備的能力，什麼是我要的目標，我決定該走怎樣的路。

我發現到自己所擅長的，就是跟一群人在一起；我所會的，就是做事；不管做什麼事情都很願意去做，而且不怕重覆做，能夠不停止地一直做。

假設現在要開始縫釦子，我有把握一定很快就可以學會，很快就能縫好。現在要熬一鍋紅豆湯，我也能夠馬上把紅豆湯煮好。要現在馬上來搬家，我可以很快分配處理這些事情，這就變成我的一種「特殊才能」。

每一個人，都要能夠找到自己的才華，然後跟工作、生活、事業結合，這樣才會發展得比較好，比較順心如意。

我是
如何失敗的

但現在的教育，讓很多學生等到填志願時，才來決定自己要走文科、理科，或是學醫、工程、機械等等。那種依照教育體制決定未來的路，不僅非常狹窄，而且還要比較哪一行比較熱門、哪一行比較有錢賺，甚至還得看爸爸媽媽的意見，搞到最後你自己都不知道，這到底是誰的人生？

如果在小時候，你就知道自己對建築很有興趣，也如願地去唸了土木工程的科系，學業跟自己喜歡的事情相互配合，學校的訓練跟興趣密切關連，往後會發展的較為順利，比較容易有機會成功。

可是，如果你是在「被動」的情況下走上這條路，結果就會有很大不同。

比如說，父母親覺得當醫生比較體面，所以要你去考醫科，你也成為了一名醫師。後來你會發現，當醫師並沒有想像中的輕鬆，因為醫院隨時要把你臨時召回，你必須每天機動性地隨叫隨到，手機一響，就得起床往醫院跑。

如果你從小就很好動，在適應機動性調度就會比較容易習慣。但若是從小體弱多病、沈默寡言的人，從事的又是最辛苦的外科醫療，自己生病或是出狀況的機率會比一般人大。

也許你當初只知道當醫生很好賺，社會地位很高，或是爸媽要你走這條路，卻從來沒料到當醫生竟然這麼辛苦。

先天體質不好的人，很難面對這種臨時的突發狀況。一場外科手術下來，消耗的體力、精神力極大，還得接二連三地保持專注，在這當中若有個閃失，就有可能會出人命。

這種先天條件，跟有沒有本事讀醫科是兩回事。書讀得起是一回事，可是，要成為一個能勝任愉快的外科醫生，條件不一定會符合。

能不能成功，是可以計算的，其實是很科學化的；這有它的一個統計跟數值，存在一個質與量的關係。

有本事讀完醫學院是一回事，有沒有條件成為一個優秀的外科醫生，又是另一回事。

學習Jazz鋼琴的失敗

我從四歲開始學琴。當時並沒有真正的鋼琴可以練,我都是利用桌子假裝在彈,這和實際在鋼琴上練仍不一樣。我練得太少,荒廢得太嚴重,等到真正有琴練的年紀已經是十三歲,是從古典鋼琴開始練起。

那時候,我在西餐廳彈琴,有時會搭配歌星一起演奏。然而,西餐廳光是彈古典鋼琴,並沒有辦法滿足客人的需求,所以我就想去學Jazz鋼琴,因應工作上的需要。

也許在學音樂、彈鋼琴上,我有先天不足的問題,但先天的影響只到二十歲。在二十歲以後,我仍然堅持要走音樂的路,甚至選擇到國外的音樂學院繼續學習Jazz鋼琴。在這段

只有八小節的音樂每天聽一個小時,但還是聽不出什麼端倪,差距理想的標準太多,難以彌補。

期間，我比過去更努力、更拚命，用力的程度幾乎可以用
「只差沒去上吊」來形容，簡直是生不如死。

　　雖然很拼命，卻進步不多，我還以為是自己的努力不夠，
還是不知道自己哪裏有問題，悲劇就這樣繼續延伸下去。到
了最後，不僅碰了一鼻子灰，也發現自己盲目到像個神經病
似的不可理喻。

　　學Jazz鋼琴時，我一直很認真。那時候聽一段大約五秒鐘
的八小節音樂，我可以持續一個禮拜每天聽一個小時，就只
聽這八小節的音樂，但還是聽不懂裡面的內容在彈什麼。

　　那種挫敗感，非常非常深刻。

　　就是在那一刻，我終於知道自己的教育水準、思考能力，
都還差真正的專業標準一大截。

　　舉個例子來說好了。欣賞一張田園景色的風景畫，你應該
看得到它的線條。但是，當時我看到的畫面是一坨糾纏在一
起的影像，看不見線條，而是一鍋漿糊，差不多是這樣子的
比喻。

　　如果能把那坨漿糊開始看出線條，就還算有些水準，再從
線條看到成為一幅畫，這又是一種層次的提升。

　　如果你的境界到了一定的水準，應該可以看到一張充滿詩
意的畫。如果你只看到線條，那至少還看得到輪廓，可是我

看到的確是一鍋漿糊……當時聽那八小節就是這種感覺。

如果真的還有成長空間,當時聽八小節音符聽了一個禮拜,應該會有一些蛛絲馬跡才對。可是我所聽到的就像是一鍋漿糊!那種挫敗對我來說,真的很震撼!

後來,我還是非常努力地想要突破這個障礙,每天一直聽。到了第二個禮拜,終於把那一堆漿糊聽出一幅畫,果然還是皇天不負苦心人。

可是,我足足花了兩個禮拜,幾乎都快要擠破頭了,才有這樣一點點的成績;換成是聽得懂的人,只要半分鐘就聽完了,還有時間喝杯咖啡,跑去約會、看電影。別人花半分鐘,而我竟然要搞兩個禮拜,這樣的差距要如何追?乾脆去上吊算了。

要學會Jazz鋼琴,必須要有相當多元廣泛的接觸。不僅在樂理上必須要精通,還必須了解Jazz到底在表達什麼,演奏者要聽過很多的音樂,而且自己要有感覺,去探討、去經歷、去琢磨過,最好是小時候就常常接觸,在耳濡目染之下,才有辦法彈出讓人覺得舒暢的音樂。這些都必須從小長期栽培,靠著不斷訓練學習累積經驗,才有辦法達到的專業水準。

我非常喜歡音樂,可是在學習的過程中卻極度痛苦,幾乎是毫無樂趣可言。在這當中的過程很殘忍,近乎苛刻,把自

己逼到無路可退，就像擠牙膏一樣，死逼、硬逼都要逼出自己的極限，到最後看看還能不能擠出個什麼來。雖然很痛苦，我仍然這樣子跌跌撞撞地學了音樂很多年。

最後，雖然我還是很光榮地上台，拿到了畢業證書。但一畢業的那一刻，就決定宣佈退出音樂圈。

當時，在我心中有一種很強烈的感慨——原來，有些東西是學不會的，勉強不來的。對我來說，這張文憑就有如一張畫，只是供人欣賞用的。不過，這個經驗卻成為了我生命中的另一張文憑，因為這個經驗，讓我了解很多人生的真諦。

如果不知道自己學的內容跟目標差距甚大，誤判情勢，就算再怎麼努力，最後也只會頭破血流。

　　這個失敗，在於不知道天高地厚。因為完全不知道自己所學的內容跟目標差距有如此的遠，就像在爬山，原本以為只是開車上陽明山那麼容易，沒想到卻是從地平線爬到玉山山頂，誤判情勢的結果造成手斷、腳斷，全身都受傷流血，只剩半條命。

　　我也體認到，有些事情並不是不能學——還是可以學；但若想要變成專家，如果沒辦法付出那麼多的時間、體力，就只好等下輩子吧！那個工程太浩大了，並不是只靠努力就可以辦到的。

這是我要的嗎？

在經過這麼多年以後，我終於不再覺得難過了。

其實，我根本不適合走Jazz鋼琴這條路，但還是硬逼著自己要走。因為學校註了冊，只好硬著頭皮唸完，也從沒想過要休學或轉行。我只是覺得應該可以更好，還是執迷不悟，不承認自己走錯行。儘管撐到最後拿到文憑，卻還是決定退出了。

有時候回想起來，怎麼會遭受到這麼大的打擊？很耐人尋味。那時候所受的挫折讓我極度地痛苦，好像被掌嘴一樣，每天都丟盡了臉，我甚至還會詛咒自己，怎麼會笨到連學都學不會。

靠著彈鋼琴，也許我可以很輕鬆地混個飯吃，因為我可以教鋼琴，收入也不錯，但我想要的水準根本達不到，距離成為一流鋼琴家的目標，實在是遙不可及。既然跨越不了第一流的門檻，只好在馬路上混混，在路邊賣藝，或是一輩子教人彈鋼琴；沒辦法突破，只能到高不成、低不就的程度。

我很清楚，這不是我要的目標，也不是我想過的生活，更不是我希望或喜歡的那種感覺。

學鋼琴要達到頂尖水準，本來就應該從小一直彈，還得

要一直聽。Jazz鋼琴這塊領域，我在二十歲之前是完全陌生的，只是憑著喜歡的衝動就去學。所以，在失敗的檢討過程中，我還體會到一件事情：光憑喜歡是不夠的。

要認清自己的興趣與當飯吃是兩碼子事。當娛樂可以，但這當中如何調適安排，規畫自己的生活，就是一大學問了。

當年想去美國深造，因為在音樂上已經到了瓶頸，無法突破極限，沒有辦法發揮潛能。沒想到，出國之後撞了更多的壁，不管在音樂或語言上，都是一樣。

這有點像你明明知道，讀博士對你的人生沒有什麼幫助，卻還是選擇要去讀博士班。後來終於把博士讀完了，才發現

人生的天平。一端是
興趣，一端是現實。

讀碩士和博士的時間通通都浪費掉，白白浪費了好幾年。拿到了博士學位，卻沒老婆，沒孩子，連個像樣的工作也沒著落，一個人孤苦伶仃，無處訴說自己的不滿與挫折，也想不透人生到底怎麼了。打了一場迷糊仗，最後有口難言，只好自己把失敗硬吞下來。

其實，這個社會並不需要這麼多的博士跟碩士。但有很多人一窩蜂的跟著別人選擇走上這條路，把自己讀老了，把腦袋讀壞了，讀到讓自己嫁不出去，把人「毒」死掉了，也把路「堵」塞住了。就算一直到了最後，他還是堅持認為那是一條出路。

有些人讀了碩士、博士回來，進了大學擔任教授或一些關鍵職位，那還有些意義；但也有許多人唸完博士卻一無所成。如果把唸書的時間投入職場上，最後才發現跟拿了碩士、博士回來也是差不多的職位跟薪水，這就不太值得，你既沒有辦法利用學歷讓自己真正成長，也沒有在職場上獲得實際的經驗，甚至還把自己的人生搞得亂七八糟，浪費了將近十年的歲月，這就是一種損失、一種失敗。

該不該唸碩士、博士，當然是關係到每一個人選擇的目標與方向。需不需要深造的衡量指標就是：你覺得你喜歡嗎？你覺得你快樂嗎？你可以勝任愉快嗎？

我是
如何失敗的

　　如果你讀了碩士再去讀博士，或者順利拿到了三張博士學位，你覺得你成功了，也很快樂，那自然就不在話下。

　　可是，如果你並不覺得成功，也不覺得比較快樂，最後得到的職位、薪水或婚姻都不是自己想要的，我個人認為，這樣就不算成功。

　　然而，這是個人的標準，沒有對錯，只有自己知道。

　　「這是我要的嗎？」你應該誠實的回答自己，畢竟這是你的人生。

光憑喜歡，是不夠的

人生有很多的事情，光是憑著喜歡或是一股熱情，還是不夠的。

若以愛情的角度上來解釋這件事，應該是這樣：光憑我很喜歡這個女孩子，或是我愛這個男人，離真正的愛情還是差太遠了。

跟真正的幸福比起來，「喜歡」就只是畫面上的一撇。你還是可以很喜歡對方，那種悸動還是有些價值，只是微乎其微。如果你很努力去追求幸福，對於成功的掌控度就會高一點。愛情光憑喜歡，真的差太遠，你得先問問自己這種「喜歡」的感覺，可以維持幾年？

但是，就是因為自己很喜歡音樂，而且年紀又輕，那種雄心壯志會讓自己以為用口號就能征服全世界。

正是因為很喜歡，就選擇一頭栽進去，完全沒有衡量後果，也不知道要達到目標必須付出多少努力。

以爬山來說，沒有想過玉山有多高，也沒有顧慮自己有多少配備、有多少體力跟資源就往上衝，當然會失敗。像蓋房子，需要多少的建材；希望房子要多高、地基有多深、有多少支柱等等，一定蓋不起來。這些都是可以計算的。

但是,在人生裏面,我們有很多事情都沒有仔細去算。

在這個階段,我並沒有很精密地去計算我的人生,只是一味地想著「我很喜歡,所以努力就好,一定要誓死達成願望」,這種想法其實是很三八的。

我常形容自己是一個很勇敢的人,明明不會游泳,還是會很勇敢地跳到海裏,我會咬緊牙根努力游到最後一秒。但是,這只是有勇無謀的動作,我只知道要游過去,卻沒有考慮過自己會不會游泳。這樣的失敗,在於自己的無知、盲目,非常的魯莽。

花了大半輩子的省思,才了解到底發生了什麼事。我一直覺得我很認真,最後竟然剩下的只有那麼多的創傷,那麼多的自貶,覺得自己怎麼那麼笨,為什麼不如別人。

其實,人生並沒有那麼悲哀。我卻把自己搞成那麼悲哀——一股腦兒跳到海裏去,一直游卻游不上岸,最後還被鯊魚咬掉一隻腳,這就是我犯的錯誤。

錯過人生最黃金的時段,無法達到巔峰。

你現在努力去練高爾夫,也永遠沒辦法贏過Tiger Woods,不可能。也許有人能贏過他,那也是從很小的時候就開始拚命練習。如果你沒有付出那樣的努力,絕對贏不了,因為天下沒有白吃的午餐。

Tiger Woods在二十歲的時候，就已經達到世界頂尖的水準，想要贏過他，除非從三歲就開始練。如果你二十歲才開始，絕對沒有贏的機會。

這並不是指你就不能打高爾夫，你就不能在這行混飯吃；我講的是，如果你要達到世界級的水準，一定要有這樣的條件，才能去完成這樣的高標準。

這當中，還有一個最重要的關鍵：你必須得知道自己的目標是什麼。你不能連自己在幹什麼都不知道。

誠實地選定自己的人生目標，
精密去計算自己的生涯規劃。

成功的確要靠後天的努力，但你必須要很早就開始。以練鋼琴的例子來說，因為我的起步太慢，前面的黃金十年完全荒廢掉，所以輸掉了這輩子的目標，也輸得心服口服。

如果我把那幾年的時間，用來做現在的事業，那就值得太多了。

所以，我在諮詢輔導的時候，常會告訴對方：「如果你覺得這條路是值得的，你應該趁早開始。」也許剛開始會窮，窮沒有關係，過十年之後，你會發展出自己的路來。

我走過的那段路也一樣，曾經飢寒交迫。既然不管是走哪一條路都很苦，那為什麼不走一條會走出一片天的，會有將來的路？為什麼要選一個你將來要換行的工作？

當我在學音樂的時候，只覺得應該要忍耐到成功，可是我並沒有把握會成功。但當我在當顧問的時候，雖然不覺得會多麼賺錢，但我知道一定會成功，這就不一樣。學音樂的時候，沒有這樣的感覺，失敗就在那裡。

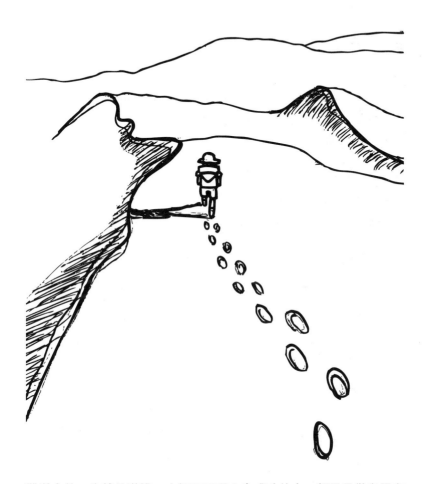

難道人的一生就是賺錢、吃飯而已嗎？會成功的人，都只是做自己有
興趣的事而已。堅持做自己有興趣的事是最重要的，致富只是附加價
值而已。

堅持要走的路

成功的人為什麼讓人感動？

因為，他知道自己要走這條路，雖然一開始很辛苦，身邊的人都取笑你，要做的事情完全不被看好，甚至被唾棄到簡直是全世界最丟臉的人。但他就是一直努力，要朝著自己的目標邁進，所以他最後成功了。

那個目標，必須是有把握達成的，而不是沒信心的去做。

像有些人明明不喜歡電腦，只是以為資訊業的前途不錯，就決定硬要走寫程式這條路，硬是拿到一張文憑，好歹也是資訊相關科系畢業，雖然寫程式的功力不怎樣，但努力一點，拼他個三天三夜還是可以寫出來……如果抱著這樣的想法，你這輩子就完蛋了。

你以為自己比人家笨，總想著「人家練一次，我可以練一百次」，人生一直這樣子耗，耗到四十年才大夢初醒，才知道人生不是這回事。

所以，只管你自己有沒有把握，只看自己喜不喜歡，你應該去走你要走的路，不要管別人怎麼想。到了最後，你得為自己的人生負責。

我們大多數人原本想走的路，後來都失敗了，只因為父

母、家人擔心我們沒飯吃，所以就放棄了。

　以我爸為例子，他一輩子都想要畫漫畫，當作家。但生了小孩之後，哪有閒工夫畫漫畫？哪有時間寫文章？和老婆打架還比較快，老婆每天都叫他去外頭賺錢。

　我個人認為，如果你確定這是你會成功的路，即使很苦，做太太的也應該撐，孩子過得苦一點沒關係，爸爸就去畫漫畫，這是我個人的理念。

要走一條自己想走的路，常會受到其他人的壓抑與貶低。你必須要很堅強，要不然很容易會被擊垮。

我是
如何失敗的

　　吃苦，其實是很有意思的事。如果最後能讓你達到目標，如果最後會苦盡甘來，至少你會苦的心甘情願，人生更有意義，也更值得。

　　所以，我提倡的方式，絕對不會是一般社會能接受的。因為大家都想過「好」日子，但所謂的「好」僅止於有錢；對我來說，這樣並不夠好，也不是真的好。

　　如果以一般人的角度來看，他們會評估你：做這件事，怎麼可能會生存？甚至沒有人相信你可以活下來。

　　更有甚者，人家每次都會問，「你這麼辛苦是幹什麼？」

　　「你走這條路不會賺啦！」

　　「去考個公務員比較好啦！」

　　你去跟銀行借個錢，寫個企劃案，對方會說：「我覺得你這個不行！」他抱著否定態度，錢也不會借你，你會被打壓到根本沒有機會。所以，你要有很強烈、很強烈向上努力的企圖心，否則，又會是另一個失敗。

　　尤其上一代的父母，常會擔心子女沒飯吃，怕孩子吃苦。如果父母每天逼著你去找一份薪水高的工作，你又不敢違逆他們的意見，就真的去找了一份自己不是這麼喜歡的工作，你的人生就失敗了。

　　世界上就是有很多這種情況。他就是被逼著去找一份不適

合自己的工作，只因為老婆懷孕了，或是爸爸媽媽不容許自己沒工作，所以他們幫你介紹，告訴你應該去做些什麼事。

如果你擋不住這些壓力，就真的跳下去做了，你有沒有想過，你的幸福呢？你的才華呢？通通都沒有了。你去賺錢只為了維持基本的生存，不是為了實踐你的目標。

然而，你很堅持要走的路，也許會被眾人批評，也一定會遇到痛苦的過程，這些都是在所難免的。但你必須要擁有自己的目標，要不然活著要幹什麼？只為了賺錢餬口？這樣的人生也未免太悲哀了。

30~40歲是必須做出
影響人生重要決定的階段。
到底什麼才是最好的選擇？
當然，如果能經過充分比較、
實驗後再選擇，
那就沒什麼好擔心的。
問題是，30歲的年紀
已經沒有多餘的時間可以做實驗了。

我是
如何失敗的

　　三十到四十歲，正是事業起飛、全力打拚的階段。然而在此階段當中，出軌的比率相當高。

　　如果在前一階段把孩子生了下來，這段時間不僅要花時間陪伴孩子成長，盡一個當父母親的責任，還得同時在事業上繼續衝刺。所以，要走在正軌上的難度非常高，想要成功並不是一件容易的事。尤其是現今的社會，大多數的人就像蠟燭兩頭燒，很難順利地兼顧到家庭與事業。

　　生命的正軌有一條自然的生長方式跟頻率，如果在你正在經歷這段時間，卻不能達到該階段應該要有的水準，就會漸漸偏離軌道。

　　尤其是到了三十歲之後，有點像是逆水行舟，就像魚要逆水游上去才能存活下來的過程。你必須對抗身體老化、工作壓力、環境困難等等眾多外在因素，這些事都會造成生存像在逆流而上，當你無法真正應付這些問題的時候，你的生命就出軌了。比較嚴重一點的情況就是面臨死亡，輕微一點的，就是受到創傷，或是不斷地增加病痛。

　　三十到四十歲應該是你得非常拼命的時候。拼什麼？拼快樂、拼成功、拼事業、拚目標，這些全部都要靠拚來的。你要撫養小孩，在經濟上要努力打拚，為了事業成功也要拼，為了快樂也要拼，如果不努力去成長、去學習，很難會真正得到快樂！

　　快樂，可不是臉上笑一笑就表示你真的開心。快樂是要去耕耘、奮鬥、培養能力、不斷學習、不斷創造，是要拼命努力、付出代價之後，才能在生命中獲得的可貴經驗。

Business

Family

30~40歲正值努力打拼的階段，不管是家庭、事業，兩頭都要兼顧。

就算你的願望很渺小，只想過著安逸的生活，也是要拚命的！生命充滿許多意外，一不小心就變得很複雜。也許你只打算住在茅舍裡面，也要小心刮颱風、淹大水，就算想過平淡的生活也不容易，因為要跟社會、自然環境進行很多的協調，這也是一種功夫。

你快樂嗎？你喜歡嗎？

關於工作，不管你是做什麼職業，工作內容是什麼，並不是那麼重要。重要的是，你對這份工作有沒有興趣？能不能一直到老，都可以繼續做這份工作？

舉例來說，很多人會認為當老師的生活很穩定，不僅收入穩定，甚至還有寒暑假可以充電，工作性質比較單純，比較少像一般職場上有那麼多的勾心鬥角，面對的就是學生跟家長。

至於現在想當老師，要面臨學校職缺少、找麻煩的家長、難教的小孩子，甚至還有可能寒暑假不支薪。挑戰性一樣會有，且不見得穩定、單純。

在不景氣的年代，雖然很多人還是喜歡選擇公務人員的職業，覺得有份鐵飯碗的工作比較安穩。但實際上，想要當公務員也得各憑本事，因為公務員也需要專業。不管你想要幹什麼，最後還是要回到同一個問題：

做這份工作，你快樂嗎？你喜歡嗎？

有的人覺得自己很有才華，想要發揮自己的興趣，當公務員就很無聊，會覺得綁手綁腳的。但也有的人只求混一口飯吃，人生平穩就好，當公務員就是不錯的選擇。

我是如何失敗的

成功與否，完全是看個人的選擇目標，人生的成功，不是一定非要達到怎樣的目標不可。你自己的滿意度跟快樂指數如何？有沒有做到你想要做的事？是不是追求到想要的目標？如果你做到了，才是最大的成功。

如果你想成為大明星，你也成名了，開了演唱會，得到觀眾滿意的回應跟迴響，而且這件事真的是你想要的，那百分之百就是一種成功。然而，實際的生活裡，並不是每個人都能夠去做自己希望做的事情。

你要選擇具有挑戰性的生活？或是選擇平穩安逸的生活？

一來，是能力不見得能夠擔當的起。

二來，是不見得會有確定的目標。

三來，自己都撐不下去，堅持不住，更何況別人會不看好？

所以，關於人生成功的標準，不在於一定要做到像誰那樣的程度才叫成功，而是你能夠做到想要的目標，而且你滿意了，你快樂了，那就是成功。

相對來説，如果你不喜歡唱歌，卻強逼你去成為一個歌星，很可能最後你會得到憂鬱症，可能會吃藥；就算你大紅大紫，也沒辦法應付這樣的生活。

有很多人想當名模，但沒辦法讓自己變得那麼瘦，每天都瘋狂減重，減到最後營養不良、生病，甚至會想不開去自殺，這都是非常嚴重的出軌。

逆轉出軌的狀況

在三十歲以前，我的人生亂七八糟、一片混沌，也從來沒有想過那些會讓人生步入正軌的事。直到三十一歲，遇到我先生「福星」，整個人生才算開始活了起來，我才把這些過去該彌補的通通補回來，可算是非常嚴重的惡補。

三十到三十八歲，是我的人生極度痛苦的階段。在這段時間，我用盡全力逆轉過去的出軌情況。

在惡補的過程當中，每天幾乎都工作十六小時，把一天當成兩天在用。每天都一直補，幾乎天天都在流眼淚，有種叫天天不靈、叫地地不應，經常覺得自己差點要死掉的感覺。

這段時間，跟二十歲的痛苦程度不相上下，唯一不同的是，一邊是往死胡同裡走，一邊則是漸漸邁向光明。

這就是奮鬥成長的痛苦——為了將來，只好咬緊牙根撐下去。

改變的路途相當漫長。直到補到三十八歲以後，我才開始覺得舒服了一些，從四十歲之後的十年，就輕鬆許多了。

過去在感情上的挫折，的確讓我感到相當難受，苦不堪言。四十歲之前，我一直致力於經營、創造婚姻感情生活，在這段時間裏面，除了天天要唸書、工作、做家事之外，還

要花時間跟自己老公培養感情，經歷所有生氣、哭泣的不愉快，簡直是累翻了。

這段期間，為了幫助丈夫建立事業，家裡的經濟負債不斷。到了四十歲之後，我也開始成立了自己的事業，所以還是繼續負債。不過，以目前倒吃甘蔗的情況來看，我相信在六十歲之前可以補完；從現在開始再過個十年，人生會有戲劇化的轉變。雖然這一路走來很辛苦，但我畢竟把過去出軌的狀況逆轉回來了。

有時候，我看到其他人在痛苦，我就會告訴他：你要努力啊！我不能保證你能成功，但是你一定有機會可以逆轉。

當人生出軌之後想要再次導回正軌上，你就得付出代價，隨著年紀越大，就得付出越多。

不管老公做什麼，我都支持

要完成願望，往往需要另一半的支持。

我跟我先生兩個人就是這樣，一個人輪流賺兩年，以這樣的方式在拼命。這兩年你撐我，隨便我要幹嘛，然後就換我撐你到底，你就去幹任何你想要幹的事。這是我們彼此之間的承諾，最終不分彼此，全力以赴。

我先生很愛我。他常說，他除了愛我所有的一切之外，還有一件事情非常感激我，就是我跟他在一起的日子裡，我都成全他去做他想要做的事。

做自己喜歡做的事情，通常不會馬上有錢賺，這就像打地基是往下紮根，還看不到大樓往上蓋的房子。有很多人還在打地基的時候，受到外界的冷嘲熱諷，如果受不了輿論的壓力，很容易就會放棄自己的夢想。

我常常覺得，我的成功，不在於我的老公賺了很多很多錢，而是在於他非常快樂地實現自己的夢想，完成他的心願，甚至是盡情讓他的夢想破碎，至少他有機會嘗試跟努力。這是我的老公很感激我的地方。

我從來沒有要求老公一定要變成怎樣，或是一定非得怎麼樣對我不可。我跟他說：「咱們只要不餓死就行了，但是，

我永遠支持你完成你的夢想。」

　　光是這一點，我老公就一輩子感激我。不管什麼事我都讓他做，就算他通通都失敗了，我連眼睛都不眨一下——「喔，失敗啦！那接下來要怎樣？」，「準備好了嗎？OK，開始努力吧！」因為得到我的支持，他就可以這樣無拘無束，一直去搞他喜歡做的事情。

支持老公的夢想，不管他想做什麼事，我都支持他。

　　我老公很喜歡嘗試新的事物。他常常會有異想天開的點子，有很多天馬行空的夢想，一般人的心臟如果沒有很強，是會受不了的。可是，不管他想做什麼，我都非常支持，我都會認真聽他講述，跟他研究、討論，之後也都讓他去做，百分之百信任，百分之百支持。

　　有很多人說，夢想跟現實很難兼顧，要實現夢想，往往要放棄現實。我老公就是一個很標準的夢想實踐家。追求夢想，有沒有遇到失敗的例子？當然有，有很多夢想都是幻滅掉的。但最後有沒有真的餓死？沒有，而且我們非常開心，也很滿足。我們在生活中一起成長進步，彼此非常相愛，每天都有無盡的喜悅。

　　我們突破了很多很多的事情，發現自己是如何失敗的，應該怎麼做才會更好。這一路走下來，累積了很多的經驗、能力、知識、膽識。我深信，最後我們兩個都會相當有能力，而且變成真正的夢想實現家。

錯把做生意當成是交朋友

在商場上，我有一個非常白目的大失敗，就是用完全不正確的態度在面對工作。在工作多年以後，有一天和我先生互相交換心得時，我發現在職場打滾多年的傷感，那種傷感就是一種失敗的現象。

做生意、和客戶談案件，由於彼此間有商業行為的關係，會和一個原本是陌生的人變成熟悉的客戶。但是，我一直保有一個信念——想要跟這些客戶成為好朋友。

我先生問了我一句話：「誰跟你是朋友？」

當我聽了這句話，眼淚差點就要掉下來。我很訝異地問：「但是，我們不是都要成為朋友嗎？」

我先生說：「你在做生意啊，誰跟你是朋友？」

那時候，我終於體會一件事：做生意的時候，沒有朋友這回事。

常言道：「商場無父子」，過去的我一直不能領悟這件事。我一直在想，為什麼事業做不大？甚至還有一個錯誤的觀念，以為自己是女人，或是因為太重感情，所以不適合做生意，才會在商場上失敗。

後來我才發現，原來商場上真的沒有朋友。這並不表示彼

此就沒有交情或仁義可言,而是我沒看穿一件事實——商場就是戰場。戰場上是搏命的,誰跟你談友情?

尤其在最近三、四年,我對於自己在商場上的失敗,領悟特別深。做生意的時候並沒有在談生意,而是在談感情,完全的搞錯方向,這就是非常大的敗筆。

以前我在談生意時,常會想:「咦?奇怪,為什麼這筆生意會做不成?」原來我根本沒有和對方在談生意,而是在談感情。

這對我來說是非常錯愕的,下巴掉下來還摔得粉碎,是非常慘痛的經驗。錯把談生意當成是交朋友,和客戶交心、搏感情,這是大錯特錯的觀念,錯到讓我目瞪口呆,瞠目結舌。

如果公私分不清楚,就會很容易錯把做生意當成在交朋友。

我們經營的是顧問公司，必須親自去跟客戶接洽，協助他們擴張跟強化經營管理。我常覺得自己做得很累，卻又不知道原因在哪裡；經過檢討之後才發現當時最大的敗筆，在於從一開始跟人家談生意，就打算要跟人家做朋友，而且還期望對方能跟自己肝膽相照；有了這筆生意之後，為什麼做得很辛苦？因為我不是真正在做生意，而是在跟客戶搏感情！

時至今日，我將這樣的心態改正過來之後，就可以知道該怎樣去玩這個遊戲。之後做生意、談案子、協商或是跟人交涉，腦袋都很清楚，因為看到過去自己是怎麼失敗的。

以前看不到失敗的原因，會覺得很難接受這樣的事實，但看清真相之後就相當釋懷，也很清楚自己是在談生意，公事跟私交不該混為一談。

十八年前，我在北美地區有自己辦的電視節目。當時跟媒體業者有接觸，然而，我卻發現自己一直跟這些媒體處不來，雙方關係有點詭異，合作過程中也一直「突搥」。

我一直在反省自己和媒體之間的關係，為什麼好像總是做不太起來；雖然電視、電台的節目很成功，但就是覺得自己跟這些業者格格不入，沒辦法打成一片，很難深入這個領域。

我是如何失敗的

　　後來，在停止發展電視台的事業之後，經過十幾年的沈澱，我終於看到在與媒體合作上失敗的原因。我一直很希望跟坐在面前的媒體人交心，那種無謂的感情，就是我所犯下的最大的錯誤。

　　生意歸生意，交情歸交情。當時的我卻誤以為要跟對方交情很好，咱們的工作才能做得很好，所以一直跟這些記者、導播、老闆的相處上有問題。我刻意想跟他們很親近，但又覺得自己的行為有些奇怪，在別人眼裡，也覺得我這個樣子非常奇怪。

　　「一直想跟人家做朋友」是一個我在商場上主要的失敗。並不是和他們處不來，而是達不到我自己交朋友的標準。

　　基本上，人際關係的應對是沒問題的，但是自己一直覺得沒有辦法融入這個圈子，沒辦法跟對方變成好朋友，而且百思不解為什麼對方就是沒辦法跟我這麼好？

　　有時候，失敗恐怖的地方並不在於失敗本身，而是失敗遺留給人生之後的恐懼症，讓我覺得自己沒有才華，不適合做某些工作，讓我以為自己不夠聰明，這是很可怕的影響，令人無言且痛心。能力是能力，做事是做事，感情是感情，這些是不一樣的東西。

　　這是我很喜歡的一句話：「失敗並不可怕，可怕的是你不

知道自己是怎麼失敗的。」

　　失敗的可怕，在於不曉得自己是怎麼失敗的，拼命反省還是找不出原因，到底是什麼事情造成錯誤不斷重複？於是就一直把重點放在如何增加自己的能力、改變自己的思維、如何讓自己做更多事，更能衝刺……也會開始想很多事情，但是不一定能找到失敗的原因，這樣反而就更失焦了。

　　這樣的盲目會讓人生不得志，努力錯方向，走了很多冤枉路，甚至喪志、喪氣、自嘲自貶，非常地悲哀。

　　人生貴在了解。每個人都應該了解自己的人生究竟發生了什麼事，明白「我是如何失敗的？」

人應該要有反省的能力，但不能一直陷在反省的陷阱，找不到原因而不斷自貶。

我是
如何失敗的

為什麼無法結案?

　　我和我先生在美國經營一間顧問公司。客戶有將近80％是醫生,分布於印度、日本、新加坡以及美國各地。

　　本來,我是一直很抗拒從事顧問這個職業的。一直到開了自己的公司,才慢慢變得喜歡,後來天天都在顧問,到世界各地去幫業者做諮詢,都有非常好的成績,從一開始的「不願意」到現在的「自得其樂」,真是南轅北轍。

　　我在從事顧問工作的初期,曾發生過一個讓我印象深刻的失敗案例。這是發生在洛杉磯的一個案子。

　　當時,我去醫生客戶那兒談過之後,該講的重點明明都有講到,對方表示贊同我說的,也有合作意願,可是卻一直收不到錢,如此一來便沒辦法結案。在談完以後,我離開醫生的辦公室,走到對面停車的地方,坐在車裏面待了一個小時,內心其實很痛苦。

　　我一直在想:剛剛是怎麼失敗的?

　　為什麼拿不下這個案子?

　　為什麼沒辦法結案?

　　我的溝通哪裡有出錯?

　　為什麼最後沒辦法讓客戶欣然接受?

　　關於談案子的基本動作，我自認全部都有做到。客戶和他太太都在場，他們倆也都表示很有興趣，價錢、合作方式、如何諮詢的過程明明都沒問題，但最後對方就只留下一句話：「OK，我們再想一想。」

　　我對於當時的心情，有相當深刻的印象。我坐在車子裏面痛定思痛，絞盡腦汁地想要突破這個瓶頸，好像如果沒有突破這個障礙，未來就沒有出頭的一天，所以我就一直想、拼命想，非得把答案找出來不可。

當局者迷，當下就算絞盡腦汁地想，想破了頭也想不出個答案。

然而，當時想破了頭，還是沒有得到真正的答案。但是現在回想起當時的場景，我知道問題出在哪裏。我看到在這個過程裏面，有幾個很重要的缺失。

第一點，我對於這個案子，其實是沒有什麼把握的。我只是很想要把它做好，想要努力去談成這個案子。可是實際上，我並沒有真正做到知己知彼，沒有完全的了解對方的所有局勢。我能做到知己，可是還沒有做到知彼。

所以，問題就出在──我不了解他。

我沒有瞭若指掌地了解對方，沒有理解到對方生意的整個來龍去脈，所以在溝通上面，沒有呈現出完美的水準跟說服力，導致自己都沒有十足的把握。

第二點，我自己有很多的恐懼及害怕。我在談這筆生意之前，存有很重的得失心，很在乎能不能成功，會不會談不成。在一開始，我就抱著：「這筆我一定要談下來！」，非成功不可的心態；但是我對那個客戶本身並不是真的那麼有興趣，那也是失敗的原因之一。

在溝通過程裏面，我對他沒有展現出完全的親和力，沒有表現出我對於對方的興趣，那是一個非常嚴重的敗筆。

「顧問」這份工作非常現實。你必須要跟客戶的關係很親密，要有戰友的默契跟信任，但當時我並沒有找到那種感

覺，就像拿了人家的錢，卻沒有給足對方服務，讓對方的感覺就是離顧問的「專業」還有段差距。我對客戶的興趣不足夠，所以失敗也是理所當然的事。

第三點失敗，在於我沒有把握呈現出所有的計劃，以至於在跟客戶談論的時候，自己沒有很清楚全部的細節。

事前的準備功課沒做足，是非常要不得的致命傷，尤其是對於從事顧問這一行來說，幫業主諮詢是要協助對方拓展生意的，必須很清楚對方生意的脈絡與缺陷。

如果對該行業不夠熟悉，跟客戶談案子時，就沒辦法確切地了解對方的問題在哪裡，也無法俐落地解決問題，就算提供了再多的方案，也只會給別人「天花亂墜」的感覺。

如果對方不能感受到自己的興趣以及企圖心，講再多話並不代表溝通有效。

破涕為笑的釋懷

　　過去有很多失敗的案例，現在再回過頭分析，才真得明白自己失敗的原因。回想當時，只是浮現許多難過的情緒，卻不了解這種失敗跟挫折是常有的事，不應該這麼在意一個失敗的案例，其實只要多做幾次，多經歷幾次就沒事了。

　　但那個時候，自己得失心重，又沒有很清楚狀況，也不是對客戶很有興趣，對案子也不是很有把握，再加上不夠了解對方，只是一直在抗拒自己「為什麼會失敗」；現在回想起來，真的很可笑。

　　失敗並不代表什麼。只要把不足之處補足了，就會成功。

　　像我們這一行擔任顧問的人員，一天到晚都在研究為什麼會失敗；現在回頭看自己的失敗，有點破涕為笑的感覺。

　　一開始經歷失敗的時候會很難過，一直無法釋懷，不知道自己錯在哪裏，甚至還會想：「也許我不適合做這一行吧！」或是「這方面的能力，我大概就只能到這個水準了，永遠沒辦法突破。」

　　事隔多年，現在回想的時候，倒會覺得豁然開朗，更清楚自己失敗在哪裏，更能分析出為什麼當初沒有辦法拿到那個案子。要去完成一件案子，固然要投入很多心血，卻也無法

保證一定百發百中。

　　我在分析這樣的過程時，有一種豁然開朗的感覺——我發現自己不再怕失敗了，那些痛苦的情緒也都煙消雲散了！

　　能清楚地看見自己的失敗，感覺真的非常棒。這讓我覺得很舒服，因為知道怎樣做是對的，在這個情況之下，就算失敗也不算是真的失敗了，不是一定要百發百中的，勝敗是兵家常事嘛！

所有的不自信、不確定、沒興趣、沒把握，都是要邁向成功之前所必須經歷的階段。

我是
如何失敗的

很多人在失敗的時刻,因為當時不知道為什麼失敗,所以一直停留在沮喪、懊惱的情緒裡,非常鑽牛角尖地覺得為什麼會失敗;說穿了,其實就是無法坦然接受這樣的結果,或是無法面對自己失敗的這件事情。

只要看清楚怎麼失敗的,就不會覺得有什麼大不了——生意沒有談成又有什麼關係?即使做不成客戶,買賣不成仁義在,將來還有合作機會嘛!

如果以目前的工作經驗與態度來回溯這件事,我已經沒有那時候的恐懼、沒把握、不確信、沒興趣,成功機率自然就高;就算不成功也無所謂,也就不會有當初那種難受的感覺了。

失敗不可怕,但是你要知道自己是怎麼失敗的,不能一直卡在失敗的痛苦裏。我征服了自己失敗的痛苦,現在都克服掉了,這是很好的一個生活實例,這樣就有機會走向成功。

野心與企圖心不足

當我將過去商場上失敗的諮詢案例分析研討之後，發現當初失敗的主要共通原因，是因為自己沒有很大的熱忱。

對於那些失敗的案子，並沒有花足夠的時間和精神去了解它，所以在洽談的時候，表現並不是達到真正專業的水準，感覺上比較隨便一點──「要嘛就來，不要就算了」，比較像是這樣輕浮的態度。

所以，我在商場上主要的失敗，是在於沒有足夠的興趣、不夠積極，給客戶的感覺就是不夠專業。講實際一點，好像不愛賺錢，也不是真的很拚命；其實如果真的很拚命去做，確實可以賺到不少錢，也可以做很多事，可是野心跟企圖心不足，比較像是一般庸才的格局。

當找到真正的失敗的理由，分析出內容及要素時，就差不多完整地改善了，而且失敗就不復存在。這對我來説是很有建設性的，是屬於生意上的進步，且能更進一步提升自己的人生境界。

在諮詢的專業上，做到知己知彼不難，多下一些功夫就能補足。至於自己的企圖心、野心跟興趣，這是一個決定，在心態調整之後，事情就會變得相當順利。

　　我先生也是顧問，我算是他的學生。我會從事顧問這個行業，是因為他的關係，但是在企圖心跟興趣這方面上頭，我卻影響他滿多的。有些時候，他在沒有興趣的情況下要去談生意或是做其他事，我會在這方面幫他補足，之後成功的機率就會變得很高，也對生意的成績很有幫助。

　　回想著我的人生，我看到自己動作慢、猶豫不決、晚熟、不夠愛賺錢，這些都是讓我不能成功、進步不夠快的原因。然而這些問題，就是應該在三十到四十歲這段時間拼命工作、進步、成長，將問題與缺點通通磨掉，失敗就不可怕了。

　　不管人生前面的階段落後了多少，趁著三十到四十歲這段時間認真衝刺，拼命在正軌上努力，一定能夠化險為夷，經歷柳暗花明又一村。走自己的路，堅持下去，人生就會愈來愈精彩，日子也會充滿無窮的樂趣。

Chapter 05
40~50歲以後

四十幾歲時所選擇的態度，
會讓未來的人生截然不同：
一種是讓自己更快速地進步；
另一種則是成長就此打住。
如果不進步，人生四十不可能不惑，只會更疑惑。

　　本書是以十年為一個階段，畫分自己的人生。若是在人生的前四個階段都有依循正軌在前進，四十至五十歲應該會開花結果，是成熟、豐收的時刻。你不一定真的成功或是完全達到目標，但是應該要有一些成果，有穩定的成績，創造出適合自己的型態，也開始收成，並順利的過完下半生。

　　這裡所指的穩定，並不是保持一成不變的生活或工作，或是不能再發展其它方向，而是你應該完成了人生想要的願景——如果你開了一個工廠到現在，至少也應該擁有十幾年的老字號，應該有一個穩定的風格。

　　人生是一個循環。從出生到成長，一直到死亡的循環裡面，每個人都希望最後有個完美的結局，而不是尚未到達終點就開始衰敗，這樣的人生就不是喜劇。

　　我們所談的正軌，就是成長的階段能夠不斷學習，就算老了也要有尊嚴，即使死去也非常心安。這個循環本身就是一條軌道，希望開心、穩定地去走。

　　沒有一個人會希望自己不得好死，也不會有任何一個人希望自己在死去的時候，是一敗塗地的。所以，要完成這樣子的狀態，四十歲到五十歲就要開始定型，開始求穩定。

　　很多人常會把這個階段該享受的成果延後到五十歲、六十歲，甚至更晚，因為他們在四、五十歲才在處理三、四十歲

甚至是二、三十歲該做的事情，這麼一來進度就落後了。

有些人到四、五十歲才養小孩，雖然並不算出軌，你可以把人生階段的任務延後，只要還能夠處理就沒問題，只是會更辛苦。

如果應付得來就沒關係，不過也有些人是應付到差一點去上吊，非常勉強，那當然就會出軌！

在人生每個階段該做什麼事情，只是一個粗略估計的標準。如果你的人生不是這樣，當然也沒什麼不對，就像行行出狀元、條條大路通羅馬一樣，各式各樣的人生軌道都能走到終點。

這也好比爬山，有人喜歡慢慢走，有人喜歡爬比較陡峭的山路，也有人是懸空攀登絕壁，好像飛簷走壁在練輕功似的。人生的路要怎麼走，都是自己決定的。

這裡只是粗略地依照一般教育系統跟人類生理狀態，從零到五十歲劃分之後，差不多該完成這些目標。如果晚一點直到五十歲到六十歲才成功，也沒什麼不對！這個時程可以有些彈性，也依個人的差異性有不同情況。

我是
如何失敗的

在經歷辛苦努力之後，才能享受豐收的成果。

管理員工的失敗

　　在培養員工方面，我也有一些失敗的經驗，可以提供出來給大家做為借鏡。譬如員工訓練不足、沒有留住員工，以及生意沒有擴展。基本上來說，是公司經營得不夠順遂，也是自己努力的不夠。

　　我與我先生從事了二十年的經營管理諮詢工作，對於自己公司所出現的失敗項目，其實都可以分析出原因。特別在員工方面，我看到了一個致命的缺點：管理和控制上出了問題。

　　我們的員工在工作態度上常常疏忽大意，因為我並沒有真正在管他們，若按照一般業界的說法，就是制度不夠健全。公司沒有真正地設立制度，甚至連上班、下班時間都很隨興。以老闆的角色來說，就是沒有落實管理工作，這會讓員工沒有方向。

　　在公司草創的時期，流失掉不少員工。也許他們的生產水準並不太好，但主要也是在於我們當老闆的沒有在管控，這是管理上的第一個失敗關鍵。

　　第二個失敗原因，在於我自己本身有很大的問題。

　　當時的我，對於員工並沒有多大的興趣，我根本沒有想要

跟他們交流，也沒有想要去理解他們、帶領他們做事，甚至還到了相當幼稚的程度——我會說員工壞話。

有一個讓我印象深刻的例子：以前公司裡有一個相當不錯的業務人員，我先生很欣賞他，但我偏偏就很討厭他，甚至還講他的壞話，告訴我先生說這個人有多麼地不好。最後結果自然可想而知——他當然就不幹了，離開了。

現在回想起來，會有這樣的失敗，其實我才是罪魁禍首。我身為一個老闆，怎麼能去挑撥員工？這是一個非常三八的行為。

身為一個管理者，最忌諱的就是說員工的閒話，挑撥他人的是非。

當時，我很討厭那個員工流裡流氣的模樣，很討厭他總是得寸進尺，一天到晚要求更多的福利，感覺像是死要錢，只顧自己利益。一看到他，我就有很多情緒上的反應，這就是一個不應該犯的錯誤。

以一個老闆來說，應該要去鼓勵員工、欣賞員工，以每個人的狀態跟條件去輔導，以個人的成績來管裡。可是當時我就不是這樣，覺得討厭就直接給他臉色看，對他也很不客氣，甚至還會挑撥離間。這樣的行為的確很幼稚。

另一個失敗就是：沒有以大局著想，只顧著計較自己的心情。

若是以大局的角度來看，公司有一個會賺錢的人才，應該值得高興才對。他會做事比較重要，而不是老是想著「我討厭他」這件事情。

但是，當時我用非常狹隘的觀點去看待這件事，就像無知的笨蛋一般短視近利，處處跟人斤斤計較，還嘰哩呱啦講一大堆閒話，最後搞到公司的重要人才離開了。

我覺得，這在帶領員工上是一個非常要命的失敗。當我發現自己的失敗，就會覺得：「怎麼搞的，這麼三八！」

有了事業，就應該想盡辦法去創造更好的成績。但我沒去注意經營者應該注意的事，沒有把心思擺在擴展事業上頭，

反而去搞那些小家子氣的事，沒幫到我先生也就算了，還只管自己爽不爽、開不開心，怎能不失敗？

另外，還有一個員工常常不在公司，因為他有很多私人的問題。今天老婆懷孕，明天要奶粉錢，下禮拜要提早領薪水，沒幾天他的小孩又發生什麼事了……老實說，他這種行為讓我覺得很困擾。

但是，以一個老闆和員工的關係裏，我應該要去協調、去了解他到底要幹什麼，而不是不開心，自己生悶氣。這又是一個自己非常不成熟的地方。

這種失敗，就是所謂的「情緒化」。因為對於他這樣的表現感到非常不耐煩，又不以公司為重，自私自利的只想自己很不爽。

我最大的失敗，在於沒有想到人之常情：只要是人，總是會有問題，應該將心比心。剛當爸爸的人就是這樣，孩子還很小，難免會有些問題，我應該看到他還是有做得不錯的地方，在工作上還是很有心。至於他遇到的私人問題，我應該盡可能地去協助他。

所以，這是我個人的一個失敗——放太多個人的情緒在公事上頭，在與員工往來的過程中，存有太多的個人好惡，這都是很幼稚的。

　　當我再想起這些因為無知所導致的失敗，這種見識就像是隻井底蛙，格局小的可憐。現在把這些觀念調整回來，深刻了解應該是以大局為重，怎樣去幫助員工？怎樣去強化生產力？怎樣把公司規模擴大？經營理念與視野就完全不一樣。

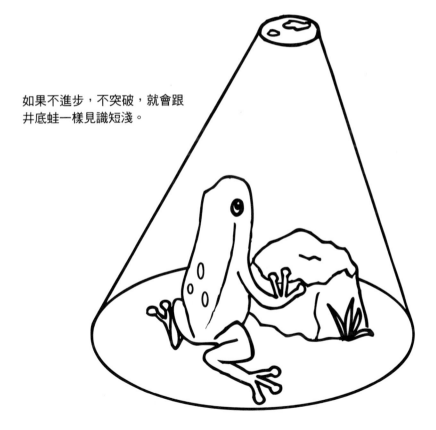

如果不進步，不突破，就會跟
井底蛙一樣見識短淺。

我是
如何失敗的

跟優秀人才斤斤計較

　　我跟丈夫經營的是顧問公司，專業諮詢人才當然是愈多愈好。在開業初期，有很多各大公司的菁英，業界不可多得的人才過來求職，可是我竟然不去愛惜這些人才，成天腦袋裡想的，就只是怎樣少給人家一點薪水，就像家庭主婦只會跟人家多要根蔥、拗個五塊錢，非常小家子氣，完全沒有想到爭取那些人才的好處，胸襟很狹窄。

　　後來我在檢討的過程發現，為什麼公司會成長緩慢，沒有發展到原本預料的程度？主要原因，就是在於跟優秀人才計較的失敗，一直要壓低對方的薪水，或是不在乎人才流失的重要性。

　　如果當老闆的夠有氣度，應該會表示：「哇！你願意從那麼大的公司來我們這裡上班，真是太好了！」有人才願意投靠，要很禮遇對方才對。可是當時的我卻沒有這樣的胸襟，為什麼公司不能夠發展得更好？因為我沒有事業上的野心與企圖心，沒有胸襟去包容各方豪傑。

　　現在回想起來，會失敗，也是只能說是自己活該啊！

　　用比較精確的說法，應該是說能夠了解自己的目標有多大，就得有多大的宏觀及氣勢；如果要達到這樣的一個境

界，基本上就要有這樣的水準。

　我最致命的缺點，在於自己一直缺少遠大的目標，所以就會變成去計較這些小錢，好像多一個人才或少一個人才沒關係，反正都無所謂嘛！這種短淺的眼界，其實是優秀員工的殺手，也是企業的壓抑者。

　過去的時間裡，我在公司裡已經扮夠壞人了，但更重要的是，我知道為什麼企業會無法擴張？為什麼成績會衝不上去？為什麼事業不是那麼平順，沒辦法起飛？當看到自己的失敗之後，就會覺得這樣的結果是理所當然的。

和優秀人才合作，最忌諱的就是處處在跟對方斤斤計較。

當我還不能了解自己的問題時，很多時候我先生會覺得很生氣，他覺得公司有我在，簡直是把他氣死。以前我不能了解他的憤怒，也不以為然，現在我分析出自己過去的錯誤，非常清楚地了解他為什麼會生氣，我是如何地無知。

他明明很無奈，可是事情就只能這樣——這個老婆這麼不幫夫，做起事來有夠笨，覺得很悲哀，但又能怎樣？就算很生氣，好像也不能怎樣，所以大家就只能慢慢成長。雖然很遺憾，但這就是人生。

這樣的教訓很慘痛，而且記憶很鮮明。我很高興自己總算有學到，有真的看到失敗在哪裏，當自己還沒有成長到那個階段時，真的不太懂為什麼會失敗！

人最大的悲哀是，當你沒發現為什麼會失敗的時候，真的會很慘痛。我得到的教訓幾乎都是錐心之痛，回想起來，當初怎麼會犯這麼大的錯誤，怎麼會失敗地這麼淒慘，好像錯到無法原諒自己，怎麼會這麼像隻井底蛙！

失敗的可怕在於自己看不見的盲點，影響非常深遠。我的失敗都像跌到深谷裏去，仍不知道發生了什麼事；粉身碎骨之後，還不知道自己踏錯了哪一步。人如果不成長，最後就會遭到天懲。

時至今日，現在的我就比較理解該怎樣去經營事業，怎樣

去發展一間公司，怎樣去建立一個優秀的團隊。我們就很歡迎別間公司的優秀人才，高薪加入這個團隊。所以我們的公司就會有很多好的人才，有很多人願意合作。

　　現在這個已經不是問題，我知道應該要怎樣做，觀念已經完全翻轉了，但時間也過了一大半，再起步已晚了別人十個年頭。有趣的是，當看見自己是如何失敗的，就會心甘情願。

沒有業績，哪來的朋友？

生意上的感情，是指信用很好的客戶，平常都和我叫貨，彼此也合作了許多年，是有交情，但沒有感情。

有的時候，確實是可以放寬一些買賣條件。但之所以能夠通融，是看對方平常的信用。如果你是下單這麼「阿莎力」的客戶，而且是每次都訂這麼多的常客，那我「沙米素」一下，價錢減一些，或是送些東西。會給對方這些優惠，都是因為羊毛出在羊身上。

商場有一個情況，就是「人在人情在」。好比你公司的業績到上個禮拜都很好，但這禮拜破產了，就沒人會理你。老爸很厲害，但兒子扶不起，企業交棒之後誰會理你？

尤其是商場裡講的是產品，這種東西沒得談，沒有做出成績，說話就沒份量，完全地硬到底。你賣的是電視機，一台算一台，誰跟你講感情啊？人家跟你訂晶片，你做不出來，規格差那麼一點點就退貨，誰會跟你稱兄道弟？

如果做生意要講感情，就會變這樣：晶片少一吋沒關係，我還是買下來。東西賣出去了，但客人沒有正當理由就要退貨，「反正看在交情還不錯的份上，就讓他退吧！」最後你一定會賠錢，一定會變成失敗。

以前我的想法不是這樣。我會覺得跟客戶打交道，好像不應該不給面子，要給對方台階下。後來研究這麼久，我才發現「商場無父子」這句話是真的，業績有就有，沒有就沒有，很現實的。

做生意有交情，但沒有感情。有時買賣條件之所以能夠通融，完全是看對方平常的信用。

今天你是老大哥嘛，大家看到你就笑得出來，想到晚上訂單這麼大，那我請客又算什麼？大家嘻嘻哈哈，表面上看起來好像感情很好，但請客的排名還是照算的。你是最肥的大客戶，那就請你去最好的餐廳，你是第二大客戶，就選第二好的餐廳；小客戶就挑小一點的餐廳，商場上就是這樣現實。

我相信，那些最有能力、可能會繼承事業、最常跟大老闆在一起的人，如果要跟老闆調個頭寸或要什麼資源，老闆一定馬上就批。可是這種事情真的是友情嗎？我不這麼認為。

好比你對公司有很多貢獻，你今天要渡假，要買輛車子，那老闆就閉著眼睛幫你批過簽呈。他看在你是某廠的董事，或是某公司的總經理，你是北美事務處代表，他才會對你這麼好。

可是，他在給你這個好處的背後，要求你為他做牛做馬，你也不敢不服從。他要你明天四點半起床，你敢不起來嗎？這是很現實的東西，不像兄弟就是無條件照顧你，挺你到底。

不過，老闆一定不認為他沒有情，如果你生病，你媽媽進了醫院，他還是會送很大盆的花，給你很多的補品。但這些也是照順序排列，看你的名次在哪裏，就是受到怎樣的待遇。

所以，那些所謂的名流政商，談不上什麼真正的感情，他們只是一直在為事業打拚，沒有那麼多所謂的感情。

有一次的經驗，讓我印象深刻。

我去拜訪一位朋友的叔叔，他的事業經營得很大，在企業界中屬一屬二。

我問他說：「你平常的生活，都一直在忙著做生意？」

他說：「對呀，當空中飛人嘛。回來主要就是看老婆跟小孩而已。」

我就繼續問他說：「你有沒有時間跟你的朋友在一起啊？」

我看他大概四十幾歲的人，應該很多朋友。他的企業這麼大，電話大概每五分鐘就會來一通，朋友應該很多吧。

當時我只是很輕鬆地問，但沒想到他竟然很嚴肅地回答說：「朋友？什麼朋友？」

看到他那個表情，我就想到我先生跟我講的：「誰呀？誰是朋友！」

我很驚訝地看著他，問他說：「那你沒有朋友嗎？你有沒有空跟朋友聊聊天……」

他突然好像想不起來「朋友」這兩個字是什麼意思，沈思了一下說：「我們這種人，哪有什麼朋友？」

當時，我有一種像在演黑社會電影的那種感覺，好像黑道老大在那邊跟我說自己沒什麼朋友，所以為什麼特別喜歡兒子。

　　他說：「我活著最大的樂趣，就是看看我小兒子。」他只有兩個兒子，可以感覺他對小兒子比較偏心；然後他又接著說：「我的生活沒什麼，就老婆跟小孩。」很明顯的，他賺錢就是為了要照顧老婆跟小孩，他也很誠實地告訴我，商場上混久了，沒什麼真正的朋友。

商場上叱吒風雲的人就是只有做生意，商場上混久了，沒什麼真正的朋友。

　　商場上叱吒風雲的人就是只有做生意。雖然他有員工、有屬下、有助理、有廠商，有這些關係，大家表面上還是哈啦來，哈啦去的。可是我很驚訝，因為那天我只是以朋友的角色去拜訪他，好像是記者採訪他一樣，請教他一些東西，他也很誠實地講出心裡的話。

　　我當下就在想，事業這麼成功的人，他的心裏就這麼一句「哪來的朋友」。

　　我聽了之後，還真是感到無比震撼。以我這麼重感情的人，聽到他如此誠實地說出心中的事實，難免還是有些傷感。

　　還有一個印度朋友，他是高科技公司的高階主管，也是一般人眼中的大人物，是個狠角色。

　　雖然他位居高位，但連交個女朋友都不敢講，因為怕傳出去別人對他閒言閒語，也不太敢講他自己的世界到底發生什麼事，對於感情有什麼想法——因為身邊沒有真正的朋友。大家上班就是做事，然後沒人講朋友怎樣、女朋友怎樣、家裏發生了什麼事。

　　所以他說，他寫e-mail跟我講那些事情，已經算是很親近了，同事通通不知道他的私事，就算有內心話也沒有人可以傾訴，可能也沒那個心思說吧！

然而，他很在意有個可以講真話的朋友。他常透露自己寂寞到不知道該怎麼過下去；生意上老闆要求的很嚴格，每天早上爬起來開會，平常坐飛機全世界各地飛來飛去，飯局及Party排得滿滿，連假日還要被老闆找去參加運動會或是爬山。

他常說，有時候心裡覺得很寂寞，不知道怎樣才可以停下來，很想退休，很想做自己想做的事，也很想要有一個很親近的人，很想要有一個老婆，還有真正的好朋友。

他什麼事都不敢跟同事講，因為在公司地位很高，很怕被人家抓到把柄或被傳八卦，而且高階主管就像政治人物需要形象。如果讓人家知道你和女朋友發生什麼事，或是家裡有什麼狀況，就會影響到形象——相親不成功會被人家笑，和女朋友分手了也會被人家說閒話，就變成要躲來躲去，連談戀愛都不能讓人家知道。

他明明很想要結婚，幫他作媒他又很害怕，因為他也很擔心女孩子怎麼看他，也很怕約會不成功，怕東怕西，怕得一塌糊塗，賺了很多錢，但感情卻交了白卷。本來長的一表人才的，過了幾年之後，現在竟然變得那麼蒼老。

不過，這就是人生的事實。反正大家就一直八卦，後來不管誰走了，都只留下一堆八卦。

在同一個領域大家跳槽來、跳槽去，差不多都是那些人。
做房地產就跳房地產，做運輸的就跳去別的運輸公司，混高
科技的就在高科技業，那一批人跳來跳去，大家同事在一起
稍微講一些話，但也沒有真的講到對人生有意義的東西。

從小到大，有很多的同學、社團朋友，到最後親近的也不
多，尤其是當某個人現在突然很有名，即使他跟你有同學的
名義，但也不會跟你有特別的感情，他就是只跟工作領域上
的人在一起。

在職場上身居高位須謹言慎行，怕被同事說閒話。

學習國標舞的失敗

在學習的最初過程，找錯老師是很嚴重的事。更可怕的是，選錯的時候不知道要改，自己的目標也不夠明確，以為拚命努力就會有收穫。

在學任何東西時，基礎出了問題會很嚴重，所以我在訓練或教人東西時，從來不會擔心在基礎的地方浪費太多時間。以前會認為在基礎的部分很簡單，不應該浪費太久時間，但事實上，那不叫浪費，因為基礎若打不好，後面的路走不遠。

不管學任何事情，早一點開始都比較好。從另一個角度來看，是因為基礎打得比較深，小孩子的吸收能力、記憶力，思考速度都比較快。

雖然人們常說「學無止境」、「活到老、學到老」，但學習要達到巔峰仍有時限，想要比別人更出色，就一定得要顧慮到年齡的問題。太晚才去學，要有底子才能學得好。你沒有基礎的底子，晚了才想開始，根本就沒機會，把它當娛樂就好，不必太認真。

這是我在學國標舞上的一個心得。我四十歲才開始學舞，學到四十六歲停止，之前都是亂跳，像是學生時代的體育課

或是參加舞會，或是社交場合的交際舞，大概只學了半年，並不算真正學過。

但有學過還是有用，很有趣，雖然就那麼一點點，學過舞至少會知道身體該怎麼動，總是好過沒有學過的。所以我覺得，小孩子還是應該多學東西，多學一定有幫助，做過總比沒做過好。

當時是在國外學的，教舞的是中國老師。在學習的時候，我有跟老師事先聲明有比賽才要學，半年之後去參加比賽，比賽有分低、中、高三個級數，我一開始就參加高級比賽了。很多人是學了五年後才開始比，我是學了六個月就開始比。

當牽涉到人情的時候，原本簡單的事情就會變成沉重的包袱。

我是
如何失敗的

　　在參加比賽之後一段時間，老師變得比我更喜歡參加比賽，他們叫「師生組」，到後來變成有點騎虎難下。我不比，老師會不高興，然後變成非比不可，這就是我失敗的地方。

　　我當時沒有辦法知道自己真正要的是什麼，當我發現老師跟我的方向不一樣的時候，我沒辦法停止。

　　我覺得欠他一份人情，因為我要求參賽，然後他給了我這個機會，後來變成我下不了台，變成不能停止參賽；就好像一位明星因為參與某個導演的電影出名了，那現在變成人情問題，你得要演幾部自己不想演的戲，只好演了，有點這種味道。

　　老師為了要讓我參賽付出很多，有時候也覺得老師對我特別好，學費算比較便宜，有困難時提供幫助，變成我欠了他一份人情，變得不能夠停止參賽。

　　到後來，老師的意思是說如果你不跟我學，你也不准跟別人學，如果你不跳了，你就不要在這個場合裏面出現。這種規矩是我不知道的東西，也就是所謂的不成文規定，那跟學習已經沒有關係了，那些東西我不瞭解。

　　所以，我失敗在於不瞭解那種規則，另一個問題是，我還是沒有選對老師。

　　關鍵在於老師也一樣在學習。他不會教也有關係，我們的方向不一致也是個關鍵問題，可是後來竟然變成跳到受傷，沒辦法跳下去，感情上也變破裂，見面也很尷尬。

　　跳舞還有很多枱面下無關技術的規則，那些我都不會，所以是一個失敗的地方。你不知道那個遊戲是怎麼玩的，你不曉得那個規則是什麼，自己想得很簡單，就是要跳舞，可是怎麼知道跳了之後會牽涉到這些很複雜的關係，好像在搞政治、送紅包，這種事我都不懂，也覺得沒興趣。所以，我後來就決定不跳了。

　　在這個裏面，有很多找不到舞伴、找不到好的老師、找老師要看錢等等。像在外國學舞，老師就看你開什麼車子來，他要選的是有錢的學生。這種生態造成「如果有錢就能學好，如果沒錢就跳不好」，那種玩法就沒有趣。比賽的時候就會有政治味道，那個感覺會讓人很不快樂。

　　可是，一開始我並不知道，只覺得很痛苦，卻不知道為什麼不開心。現在才了解原來搞那個就不會快樂，所以就決定脫離出來，不參加比賽，我要的只是開心學跳舞就好了。

　　現在若繼續學，就學那種不必比賽的，若是比賽，就完全的放開去玩就好，這樣就會比較開心。

在舞蹈上，現在我要的目標，就是能夠開心自在地跳舞就行了。

五十歲以後

五十到六十歲應該是迎接成功、獲得豐厚果實，然後安然的享受人生。

以前的人活到六、七十歲就算長壽，現在長壽的人可以活到九十、一百歲，平均而言，壽命又比過去延長了許多。

到了五十歲，要達成的目標很明確。如果你前半輩子的人生都在正軌上，到了五十歲以後，生活形態應該會是一種相當穩定的狀態，也理應是享受人生的時刻。

我所指的享受人生，並不是指在物質生活上的縱情享樂，不是指要去世界各地旅行，或是過著無憂無慮的退休生活。

在這個階段，所謂的享受人生應該是能夠瞭解人生百態，無論面對任何事情，都知道自己應該如何應對進退，才能達到最好的結果。換句話說，這種享受所指的是一種境界——通達人生事理的境界。

如果，你在前面每個階段的生活都非常努力，也獲得很好的成果，在這個階段自然會如魚得水，非常清楚該怎樣去處理自己與別人之間的關係。不僅在人際關係是如此，在事業發展上也是一樣，因為你曾經披荊斬棘，遇過那些成長過程會碰到的問題，你知道怎樣做才是正確的，在判斷上能擁

有很高的理解能力，也看得見執行一件決策的未來遠景在哪裡。

　雖然這個階段應該是享受成果的時刻，但你一樣可以去學任何你想學的技能，去看任何想看的事物，真正地享受人生。這就像孔子所說的「隨心所欲，不踰矩」，雖然孔子說的境界是七十歲才能達到，但若以現代人的人生時程來看，五十、六十歲就可以達到這個目標。

　這個境界是一種完全修成正果的感覺，你開始可以覺得比較輕鬆自在。在前面的階段是在衝刺，相對於打拚過之後，人生就開始變成享受成果。

　至於七十到八十歲的人生，應該是含飴弄孫的時候。如果在這個階段來說，還是可以學、可以修、可以練，還是可以做很多的事情，但是，這個階段就是屬於比較隨意、輕鬆自然的。

　當然，關鍵還是零到五十歲之前要成功，才能換得後面的愜意，要不然即使活到這麼老，也只留下一身的病痛、失落與遺憾。

認真地面對生活，總有一天你會了解，天地原來可以如此寬廣，人生原來可以如此豁達。

Chapter 06
為什麼會失敗？

既然失敗是每個人都可能經歷到的，
那麼當你面對失敗時，
首先要做的，就是了解「怎麼會發生？」
你必須懂得把每一次的失敗轉化為寶貴的經驗，
創造未來成功的踏腳石。

我是
如何失敗的

　　我會走上顧問這條路，不是沒有理由的。

　　在我小時候，就很喜歡幫助別人。每次在我幫助別人的時候，都會有一種很強烈的感覺，我發現對方知道只要有我在就會很安心，我可以讓他穩定下來，心平氣和地坐著跟我説話。很多人不會找其他人説自己的秘密，連自己爸媽或是好朋友都不會透漏，偏偏就會跑過來跟我講，當我跟他講完以後，他會變的很平靜，很快樂，那種感覺讓我嘆為觀止，我自己都非常驚訝。

　　我從來不覺得當我跟這些人説話的時候，有特別裝成怎樣的架勢，或是説話特別用力，我覺得就是家常便飯的在講話而已，就是像平常講話一樣，可是那個效果讓我覺得蠻震驚、蠻奇特的。

　　不過，我很喜歡這種感覺。我沒有費很大力氣，可是竟然幫了他一個很大的忙，現在回想起來，我覺得自己天生就是一個幫人做諮詢的料。我喜歡幫人家解決問題，非常喜歡。

　　當顧問，就是在幫人解決問題。從那個時候一直到現在，我替人家解決問題沒有改變的就是，我一直抱著一種無怨無悔，不求回報的心理，所以我經常沒有任何條件，就是幫人家解決問題。

為什麼會失敗？

　　以前在學生時代，我常會去幫人家做的事其實非常簡單，就是去幫人講話。譬如說，去幫我哥哥跟別人講話、把我同學的感覺告訴他媽媽，或是去拜訪他阿嬤，幫同學跟父母、家人建立好關係。

　　其實在處理的當中當然會發生磨擦，我也不覺得很舒服或很容易，但是我可以面對，就好像說去打仗，我並不覺得我很厲害，但是我可以打，還可以幫很多人打。很多人常常不知道要跟爸爸媽媽講什麼，我就會跟他說，你帶我去你家，我幫你講。

　　一般人就是因為怕失敗，怕被罵，所以選擇不講。但溝通這件事本身就像是一個流動，一定要有一個開始，只要你把話講出來，不管對方聽了會怎樣，至少有了這些資訊，多少都還是有效，因為資訊本身還是會發揮影響力。

　　在這樣的情況之下，我就建立了許多的溝通管道，可以得到很多的資訊。從對方所給得那些資料裡面抽絲剝繭，找出一些蛛絲馬跡，會知道他講了什麼，他想要什麼，然後到底又是怎麼回事。

　　我一直在研究這個東西，花很多的時間，很多的心力在怎麼幫人解決問題，問同學跟他爸之間的關係、他爸爸跟媽媽之間的問題、研究對方爸媽是怎樣的人，他自己對這個問題

我是
如何失敗的

的看法是怎樣，然後他覺得困難在哪裡，為什麼不這樣處理，為什麼那樣處理比較好之類的，也從來不覺得疲倦。

正是因為對「人」的問題非常有興趣，我踏上了顧問這條路，幫人解決問題，找出為什麼會失敗的原因。我的工作都是在幫別人找出失敗的原因，這本書則是在回顧自己過去失敗的歷程，兩相比較之下，還挺有趣的。

解決問題，是我最喜歡做的事情。

笑，是成功的第一步

每個人都希望自己的人生是成功的，是充滿希望的，是心情愉快的。一件事情是失敗或是成功，要看你用什麼角度去看待，你可以創造成功，你也可以創造失敗，不管經歷什麼事情，就是用快樂的心態去拼一拼，你要有這樣的能力，要去主導每一件事情，然後這樣就會成功，就會創造自己的快樂，而不是時時刻刻被過去不好的經驗所影響著。

這本書講的是我是如何失敗的，講到這邊，該講的都講的差不多了。現在我要告訴你的，是我失敗後體會的心得。其實很簡單，因為不開心，笑不出來，笑不出來的人就會失敗。

你說你心情不好，所以笑不出來？我告訴你，就算你的笑是裝的，也要裝出來，就算你心裡很不願意，可是你想想，若是跟你講話的人笑到嘴巴都歪了，你還擺著一副死魚的臉，不太好吧？你可以轉個念頭，還是笑一下，就笑一下，裝也沒關係。裝久了，你就真的覺得好笑，不想笑你就會躲起來，躲起來的人大部分都不快樂，閉關在家裡三五天，也沒幹什麼，只因為你不喜歡面對那個問題。不想面對問題，你竟然還想要成功？簡直是癡人說夢！

可是，當你可以走出來讓人家問一問，講一些話，就算吵架都比較好！別人問你怎麼了，你把問題講出來，然後把不懂的地方釐清，就會忘記剛剛擺臭臉的事情，你搞清楚什麼地方有問題，自然就會開心起來。

你一定都不知道你的臭臉有多難看，照鏡子保證你自己都會嚇到。這麼醜的臉，怎麼會不失敗呢？

你笑的出來，那些成功的人也都笑的出來，他們自然也會比較願意跟你在一起，你若笑不出來，他們就會趕快靠邊站，誰都怕看到臭臉，看到臭臉心情就會不爽。

你想想，做生意的人有可能擺臭臉嗎？老闆擺出一副很可怕的大便臉，舀了一碗紅豆湯給你，然後問你：「在這邊吃，還是帶走？」

「好，帶走！」

「30塊！」

就算他的臉很臭，但他還是可以做生意，因為畢竟你要吃嘛，只要他的東西好吃，還是會有生意，可是客人心裡並不是很舒服。但有時候生意真的會不好，因為客人心裡會想：「他媽的，你在跩什麼？又不是只有你一家有賣！」也可以不吃，對吧？因為光看到他那張臉，你就很難走進店裡。

有一次我要去買剉冰，我走過去看了老闆一眼，他就板著

臉說：「還沒有輪到你，排隊排隊！」，我心裡想，哇！這老闆怎麼這麼兇？別去那間。如果你當老闆，就算心裡有多不爽，可是做生意的時候還是要笑著說：「小姐，不好意思客人很多，請稍待一下，我馬上為您服務！」就算客人不想等，下次經過你的店還是會給你機會的。

所以，你不想要失敗，臉上的表情非常重要。既然你不想失敗，就不應該擺出一副準備要失敗的臉，讓人看到就覺得一副衰樣，這樣想要成功，恐怕比登天還難。

笑臉，臭臉，都是自己決定的。

我是
如何失敗的

Change your mind!

　　我認識一個朋友，他每天都很不喜歡去上班，並不是他不喜歡那個工作，而是那個地方的人很不快樂，很多人生病。以前他不知道原因，現在知道為什麼了，因為壓力太大，每個人都苦瓜臉，會生病很正常啊！

　　舉例來說，如果你在醫院工作，一定很難快樂。護士的臉色那麼難看，醫生趕的要命，每天都聽到病人在哀嚎，家屬都很緊張，那個環境讓人很不舒服，因為大家都這樣，你去了就不是很舒服。

　　如果你的同事都很開心，很活潑，你去那個地方，不管做什麼工作，都會舒服很多。換個角度來說，你剛進去一間公司就發現同事都感冒，然後另外一個一直在抱怨老闆的事情給你聽，另一個跑來跟你說他要分手了，你當然會覺得很難受，因為你是垃圾桶嘛！當一個垃圾桶，怎麼可能會很開心呢？

　　所以，現在你知道為什麼不要講負面的事情？因為負面的話就是一種毒，會傳染給周邊的人。如果你不懂得這個道理，你會以為不高興就應該要表現出來，我就是有心事，我就是在吐苦水，我就是要告訴你我心裡有多苦！

為什麼會失敗？

　　你可以看到有些媽媽，她就是把自己的情緒發洩出來，恨不得讓全世界都知道一樣，搞得大家都很難受，都不愛回家，或者是媽媽都跑去跟親戚講很多不好聽的話，小孩子就不喜歡去跟親戚往來，或是把親戚搞到不太喜歡來你們家，當不得已來到你們家，那個氣氛就像低氣壓一樣，把大家都壓得喘不過氣來，讓你一直想往外跑。

　　所以，所有的東西都跟情緒有關。你不想失敗，你所有的能力想要發揮，想要獲得所有的主導權，首先都得要先從「笑」開始做起。正面、樂觀才是王道。

　　有人會說，我明明很痛苦啊，要笑出來很難！我沒有問你難不難，我只問你會不會？一定會，因為你一定會笑，就算裝也要笑。做不到沒關係，先假裝，裝久了就會變真的了。就像剛開始跑步你會喘，等到你練到一個程度，你就會把自己一直保持在一個速度上，還可以加速。

　　人，想要真的開心，只要改變想法就辦得到。如果你想要笑，要開心，就快點決定，看你要花幾秒改變？情緒不好你要幾秒才能變開心？一個決定就可以改變了。

　　為什麼要叫Change your mind？這叫做心想事成，你想要什麼，一定會變成真的。可是你不願意相信，因為你不願意自己變得太好，那當然會失敗！

你可知道，有多少人不願意變得太好？「妝畫得太漂亮也不可以！」，「我為什麼要賺那麼多錢？不爽做啊！」很多人這樣子，對吧？

如果你Change your mind，下次當你很生氣，你就試著轉變看看，換一種心情，只要你不要故意去卡，你真的會開心，你就會成功。可是你跟我說沒有別種方法了，遇到這情形我就只會生氣，這樣子你當然沒辦法改變，如果你願意改變的時候，你就換一種情緒，就像換衣服顏色一樣，你得練到這樣才行。

沒有什麼喜歡不喜歡、要不要的問題。我只是告訴你，當你跟爸爸沒辦法溝通的時候，就換另外一種方法跟你爸爸講話。這個方式行不通，就換一種，還是不行再換另外一種，講到最後自己都會笑出來。當你決定用不同的方式去做，這個就是你的意願！最後，一定還是由你來決定你的人生。

為什麼會失敗？

你有很多的表情可以選擇。先想想看，你喜歡自己的哪一張臉？

我是
如何失敗的

要不要成功，是你決定的！

你不要把成功、快樂當成是很難的事。這是因為你的心、意願、決定，所有的結果，都是你自己設定的。

舉個例子來說——速度。速度也是自己設定的。

我化妝速度很快。有人問我：「你剛才不是要化妝嗎？」

我說：「我化好啦！」

他說：「你怎麼那麼快？化妝不是很麻煩嗎？為什麼不用兩小時？」

我告訴他說，為什麼要這麼慢？我要開十五家企業，難道要等十五輩子嗎？如果整天這樣想啊、擔心、害怕，時間都過了。為什麼會慢？這都是決定而已。

明明下個決定是很簡單的事，可是你偏偏故意要把它搞的很難。為什麼你要這樣？因為你是故意的，你喜歡拿石頭砸自己的腳，砸到整個腳都在流血，搞得自己鼻青臉腫，最後腳殘廢了，就走不動啦。

今天會有這樣的結果，完全是自己造成的。如果你很成功，是因為過去的努力有了結果，如果你很慘，絕對不是別人打你，而是你自己打自己。每天看你走路，還要先搬個石頭往自己的腳砸下去才走，一邊走，一邊喊痛！對我來說，

你動作很慢就是這麼好笑的事情。因為你故意想要慢，當然會失敗。

要成功，就要會講話，要會笑，這是最基本、最基本的事情。每一個人都沒有理由說自己不會講話，不會笑，不可能的。可是，你就是把這件事情複雜化，而且你是故意的。本來可以很簡單，你就一直把它搞到變成這麼麻煩。

要成功，手腳必須很快，每個人都希望自己動作很快。我可以教你最快的方法，可是要有效，我一天到晚都在做這件事。你想要快，唯一的方法就是「練」！

如果你不願意去練，你就坐在這邊發呆，把時間浪費掉。

舉個例子，小明說他不會查字典，要你幫他查，你翻著一本那麼厚的字典，他就坐在那邊翹著二郎腿，什麼事也不做。於是有人問他：「小明，你不是有手嗎？為什麼不自己學著查字典？」他說：「我不喜歡動。」

最糟糕的就是這種「沒有意願」的態度。小明不是不能自己查字典，願意查、願意做，只是一個決定而已。但是他並沒有這個意願，那就完蛋了。

除了意願，最重要的關鍵是——你有沒有辦法縮短時間。

時間是誰控制的？是鐘錶店控制的？是手錶在控制的？是格林威治天文臺在控制的？你會這樣想，就表示時間不是你

控制的。不對，你的時間決定在你自己，所以我從不戴手錶，因為我可以決定時間。這就是你能不能主導。

你能不能決定時間？還是讓鐘錶店決定時間？還是讓時鐘決定？你常常讓時鐘決定時間，這樣就沒有主導。有人問，現在幾點了？於是你看手錶，看看手機，然後看看還要等多久，這就是讓手錶決定時間。絕大部分的人不曉得，其實你可以改變這個定律，你可以去控制時間，而不是讓時間去限制你的行動。走在時間前面，你就會有很多的時間。

再舉一個例子。譬如說，婚姻，你想要有怎樣的婚姻，完全是你主導的，你的婚姻會不會很美滿幸福，也是你自己創造的。可是你希望婚姻的幸福是老公給的，你希望看到的是這個，所以你會覺得：「什麼叫婚姻要主導？我聽不懂！」

我常在講座上提到，好的婚姻要怎樣創造，有些人聽不懂。「創造什麼？婚姻是……」其實，他只是沒講出心裡的那句話：「婚姻的幸福，就是老公給我的！」對於不想主導的人來說，這才叫做婚姻。他心裡一直是這樣想的，他已經失敗了，因為這樣不會快樂。

當他發現真正的幸福是要自己主導、自己創造的，就會覺得很生氣，然後會說：「我真的不懂，哪有這麼累的事！」所以他就是故意要慢，因為他不敢太快聽懂，如果太快就懂

了，婚姻就講完了嘛！沒得鬧了嘛！

婚姻只講三個字——創造、創造、創造。他聽了就很生氣，因為光一個創造就已經快發瘋了，還連續講三個，不是要人命嗎？

是你主導時間，還是讓時間主導你的人生？

掌控人生的發球權

還有一個重點——你必須主動發球，要主動跟人講話，每一次溝通的過程，你都應該發球，你沒發球就不會成功。你不想發球，就是不想主導，不想成功。

沒有人發球，遊戲就沒了，遊戲結束了會怎樣？情緒會一直掉下去，掉到谷底。可是你一旦拿起主導權，把球發出去，就開始好玩了，球一打出去，整個場面就開始緊張了。

所以，發球很重要。籃球場上還沒開打的時候，沒什麼感覺嘛！「嗶嗶～！」哨子一吹下去，體力無限，好像裝了電池一樣，張力就出來了。

可是你不發球，就是拿個籃球在球場上一直走，沒幹嘛，時間就一直過去。

去Party看到正妹坐在哪邊，你就不講話，就像個呆子一樣，你要怎麼把妹？

別人不發球的時候，你有什麼感覺？對方不發球，他不跟你講話，他不跟你打招呼，他擺著臭臉，或是表情不對，或是他在沉思，反正他就是不講話。你每次看到一個人不對勁，會發生什麼事？他不發球，你也不想發球，那這場球還要不要打？你冀望對方發球，意思就是你的快樂是建築在他

的發球上，你等著他來發球讓你爽，有沒有看到觀念上的錯誤？

　　如果你都等別人發球，一定不快樂。如果你能自己發球，遊戲不就直接開始了嗎？小孩子就很愛發球，而且他可以一次跟四個人發四個球，他就很開心。你都不發球，問題當然就很嚴重，給你發球發了一陣子，又開始不高興了，心裡嘀咕著：「幹嘛都是我發球，怎麼不是你發球？」這種想法簡直是神經病！你是要玩，是要開心，怎麼會有空計較是誰發球？

　　你只要一去計較，就絕對不會快樂，有發球權的人都比較快樂。比賽一旦犯規，發球權就換人了，這是處罰，所以你只好等別人來發球，因為發球贏的機會比較大。那你為什麼不一直發球呢？你的人生不就比較有機會贏了嗎？

　　所以，我的人生就管發球。我把這個道理告訴了你，我不管去到那兒都是在發球，可是我不會一直反思問自己說：「我幹嘛那麼三八，一直發球，人家會不會覺得我很奇怪啊？我都沒有讓人家先發球，人家覺得我太強勢啊？」這種想法很神經，有時也叫碎碎唸，沒什麼意義，你就是發球嘛！如果對方也發球，你當然就接招啊！對方如果夠聰明，他也會把球打回來啊。

我是
如何失敗的

　　所有的遊戲都一樣，會發球就是好玩，不發球的人就不好玩。你不發球，人家就不理你了，為什麼很多漂亮的女孩子去約會回來之後，沒有機會續攤？因為她不發球，女孩子不發球，就不可愛。會發球的女孩子就是男孩子會喜歡的，不管你做了麼，有反應就是比較可愛，比較討人喜歡。人生就是要一直發球，不要覺得自己這樣很奇怪，你就只管發球就好了。

要有人發球，比賽才會開始，人生才會有趣。

你是哪種人？

主動發球，只是開啟一場遊戲中最基本的事。

除了發球之外，還有很多你會遇到的事情，舉例來說，當你發一個爛球給對方，或是別人發了爛球給你，在生活裡就像是老公或老婆跟你講了什麼不中聽的話，你聽了覺得很不爽，會發生什麼事？如果你硬接，打了一個爛球回去，又會發生什麼事？

其實沒有那麼複雜。如果人家發爛球給你，你可以不必接嘛！就讓球直接出界，不必理他。對方把球打出界會怎樣呢？扣分，換一局。不過，如果換成自己也是一樣，你打出一個爛球，球不好，人家不接，就扣分，像打網球一樣。

如果你發給對方好一點的球，人家就可以接，那你發的球很不好，叫對方怎麼接？換個角度來看，如果人家發給你爛球，而你的技術很厲害，就可以接，把球救起來，那後面就可以繼續玩了。但是一般最常見的情況，就是你亂發球，對方也亂接球，所以場面會亂成一團。

因此，你必須要知道，你不僅要會主動發球，還要學會發好球。如果對方發給你一個爛球，你也要讓自己有把球救起來的本事。只要你有這樣的能耐，你可以選擇接球，你也可

我是
如何失敗的

以選擇不接，如此一來，這場比賽你才有辦法主導，球賽是如此，人生也是一樣。

你腦袋裡要想的事情，是怎樣可以打一場漂亮的球賽，還有怎樣成為一個優秀的球員，怎樣讓你的人生變得更精彩。有幾個關鍵，包括技術、空間、意願，還有如何應付各種不同的人。

守規矩的人會照著比賽規矩走，但也會有人不照牌理出牌的，跟你出暗招、玩陰的。想想看，對方走過來了，臉那麼凶，好像要把你殺了，一開始就直接就給你殺球，讓你滿場跑，好像你欠了他兩千萬一樣，就像兇神惡煞，都發超狠的殺球給你。在球場上你怎麼知道會遇到哪種人？如果要比賽了，你要跟哪種人當隊友？你會跟哪種人成為敵人？

你應該想一下這個問題。你身邊到底是哪種人？你自己又是哪一種人？

當你知道自己是哪種人，你也會發現哪種球員會跟哪種球員在一起。重量級的人跟重量級的，輕量級就跟輕量級。從你小學、初中、高中，交什麼樣的朋友？你看你的朋友的個性、脾氣好不好？你的朋友是什麼樣子，你就會變成怎樣的球員，這樣你就會比較瞭解自己的人生。

如果跟技術不好，每天只會抱怨的人在一起打球，你想，

球賽會變得怎樣？練球的情況又是如何？保證一定很不舒服。不管對方太強或太弱，對你來說都會很難受，如果對手太強，你怎麼打都打不贏，如果他太弱，一下子就被你幹掉了，也不好玩，比不下去嘛！

在戰場上或是商場上跟人家廝殺，大家都會這一招，你也要會才行，因為一定要會，才有辦法活下去。基本的程度要有一定水準，譬如說你是打校隊的，除非你是腦殘或是智障，應該是不太可能越打越退步，就是練習而已。你就這樣一直練，一直練，技術就練起來了，對吧？

所以大家技術要相當，最好大家都能不斷進步，這場比賽你贏，下一場換我贏，旗鼓相當才有得比。你看那些打乒乓球的選手，你要跟對手的程度差不多才有得比，「摳、摳、摳……」才有辦法繼續打，有時候來個殺球，這樣會比較有趣。

將打球的例子換成是夫妻也是一樣。就是兩個人一起，開始練個三年，一開始當然不好玩，都在撿球，「又打出去了……你是怎麼搞的？」一場球賽下來都在揀球，滿地都是球。夫妻的好玩，就是一開始層次很低，剛結婚很害臊，非常尷尬，剛開始都發爛球。因為你不會，沒有學過，你發球也很爛，他發球也很爛，那你就要耐著性子磨，所以三年磨

合期都在「突槌」發爛球。然後,慢慢你會發現比賽開始好玩了。

　　跳舞也是一樣啊!你開始學跳探戈,才走一步,「哇!怎麼像搬冰箱一樣?是在搬卡車啊?怎麼都不會動?」跳個三年,開始就像樣了,就會好玩了嘛!

不管對手太強或太弱,比賽都不會精采!

可憐之人，必有可恨之處

除了練之外，另外一個重點，就是了解比賽規則。

如果你連規矩都不知道，遊戲要怎麼玩啊？比賽怎麼比呢？才剛結婚你就劈腿了，婚姻就完了，還要怎麼玩下去啊？人家就不跟你玩了。

「你怎麼遲到了呢？不是說好九點打球的嘛？」人家都已經跑完球場，熱身結束了，你都還沒來，對方當然就會不高興。你發個球遲疑了好久，不知道要發還是不發？「奇怪？等了五分鐘還不發球，搞什麼鬼？」，對方會怎麼想？

你要了解，像這種事情，一開始的時候就要讓大家知道，這是責任的問題。你有責任感嗎？你跟人家約九點打球就應該準時到，換你發球的時候就要發球，輪你講話的時候你就要講話，這些同樣都是責任。

如果你去打網球，卻常常忘了帶球拍，忘了帶球鞋，忘了帶帽子，「你又忘了帶球拍喔？好啦，我下次會多帶兩隻來。」，你不要以為別人很開心幫你服務，這是因為你不負責任，別人只好幫你擦屁股。你要曉得你的不負責任，都會造成你的不快樂，造成你人生的失敗。

你要選擇負起責任，讓自己的信用與關係保持良好。如果

你能做好，是不是跟你交朋友的人就多了，朋友的質也會變好？你應該顧好你自己，先不要去管別人對不對。你每天都穿著整齊的服裝，每天一直在進步成長，很開心，很快就會成功了。

以結婚來說，嫁不出去或是娶不到老婆的人，一定「不正常」，生活的某個部分出了問題，感情世界一塌糊塗，這就出軌了嘛！一定會遇到天懲。如果你都不想改變，不進步成長，人家看到你這副德性，還想要挑一個模特兒當老婆，你是成仙了嗎？你是智障嗎？你在這裡選人，選什麼？人家根本不理你，你有什麼資格選人呢？

大家都在場上看，大家都有眼睛。誰要跟你這個爛人打球？誰要跟你這爛人跳舞？誰要跟你結婚啊？女孩子多現實，看到帥哥又會跳舞，馬上笑容滿面迎上去。你的臉色這麼難看，個性又這麼糟糕，還想要找美女跳舞，有可能嗎？

所以，你要先把自己搞好，搞好之後生意就會自動上門，不會乏人問津。人家會主動問：「那個人叫什麼名字？」「那邊有個女孩子，好美喔！她是誰？」如果你看起來一副衰樣，別人一看你就想逃跑，當然不會主動跟你講話，這是很現實的。

你要想辦法把自己變成一個很好的球員，上場之後好好

打，你要會發球，有本事救球，反應要夠快，又很風趣，又很負責任，你的人生就有機會成功。但是，當你不為自己的人生負責任，跟一些爛人交朋友，保證不會快樂，不會成功。你自己是一個爛人，如果又跟一個不負責任的人打球，比賽還要玩嗎？嫁給一個沒有品格的人，婚姻會發生什麼事？有得玩嗎？大概每天都在演恐怖片吧！

你不要先管別人，要先好管自己，管你自己是不是一個開心、快樂的人。你講對方是錯的，沒用！因為你自己也半斤八兩。自己先進步，等你自己變得很厲害的時候，就算對方每次都打爛球，你都還可以繼續玩下去，那麼你的行情就水漲船高啦。

所以，你一直說要成功，要快樂，這些是要付出代價的，跟想要自由一樣需要革命。

你不能只奢望要得到成功。你要想怎樣去創造，然後讓事情發生，你要負起全責。可是你都發爛球，然後還希望人家給你好球，這種觀念很不正常。

假設你都不生產，卻想要花錢，這很奇怪吧？

你想要吃好穿好，但是你又懶的像豬，這樣對嗎？

你如果賺很多錢，有本事去花，花錢花得很開心，這就很正常。要去跟人家拿錢，又要亂花，花了又不開心，搞一些

很奇怪的事情，那你的人生就完了。你要快樂，就應該去做
可以讓你快樂的事，但是如果你都做一些破壞快樂的事，而
且還樂此不疲，最後呢？當然只有天懲！你有什麼好難過
的？自己招惹來的，不是嗎？

　　這就是所謂的「可憐之人，必有可恨之處」，有什麼好哭
的呢？看到那副衰樣，應該罪加三等。

就算再可憐之人，一定要了解「天助自助者」，無論世上有多少好心
人幫你，最後的路還是要自己走。

你，誠實嗎？

再更深一點解釋。比如說，你不斷地做違背自己意願的事，你一直希望做個好球員，但是卻天天遲到；你口口聲聲說要做個好球員，偏偏又不練球；你要做個好球員，又不跟隊友合作傳接球，打球體力又不行，失誤連連，又經常忘東忘西的，甚至還常找理由不出場……有很多很奇怪的事情，讓你無法成為一個很好的球員，也不會有快樂的生活，也不可能擁有成功的人生。

成功要有條件，失敗也是要有條件。你要做個好球員，也要有條件，你要快樂，要做一個好人，不管是當丈夫、太太、同事、朋友，都要有這樣的標準，願意去做，你才會快樂，會快樂，你才會真正的成功。

以我來說，我很快樂，我非常非常快樂。因為我做的事情跟我要的是一樣的，都是我喜歡的，我願意經歷的。

為什麼事情總是做不好，老是出現奇奇怪怪的情況？因為你不誠實啊！

你明明知道發爛球是不應該的，可是你每天都發爛球。你也明明知道接爛球是不舒服的，你沒本事接卻硬要接。你看到對方發爛球，現在有本事救球了，你偏偏回一個爛球

我是
如何失敗的

給他，這樣你怎麼可能快樂？還談什麼感動？你註定要失敗嘛！

知道這個道理之後，你要經營你的人生，創造你自己的朋友，建立你自己的環境。我的朋友，都是我一個一個自己建立起來，不是天上掉下來的。

你可以選擇你的朋友。你要跟誰在一起？如果你要做我的朋友，你就得進步啊！我朋友怎麼那麼呆啊？為了不跟爛人在一起，就要把身邊的人變成好人。

你得把人生當成一個農場，每天都要耕耘，你要想辦法，要用對的種子，創造自己的花園，慢慢栽培，然後就可以豐收。什麼事都得用心經營，把這些東西創造出來，人生就會是你要的，這樣就會快樂。

你要你的人生開開心心，就必須從頭到尾經歷過每一件事情。整天罵來罵去沒什麼用，計較來、計較去，人生不可能會快樂。你要怎樣的環境，你得去創造，然後才會豐收，百分之百主導你的人生。要帶著沉重的腳步或是輕快的腳步，你可以自己決定。

如果你很認真地過每一天的生活，也許你不會馬上就很快樂，但你應該會一天比一天快樂，這樣就可以很開心了，只要你今天比昨天快樂就OK了。進步成長，是一輩子的事。

為什麼會失敗？

　　當一個好球員，每天都應該跑步，該暖身就要暖身，練球就練球，比賽就比賽，最後就會成功。你千萬不要想投機、走捷徑，投機只會更快失敗！你看那些中樂透的人，很少有真正快樂的例子。

　　正正常常，規規矩矩，按部就班，老老實實做平凡的事，然後天天很快樂，這樣就非常不平凡。

　　快樂其實很簡單，就是天天充滿體力，每天很開心的過人生，沒有什麼困難。現在的我快樂的不得了，身邊的每件事情、每樣東西，都是精心設計過的，沒有任何一樣我不喜歡的東西。連一個髮箍、一支筆，我的朋友、我的辦公室、我的床、我喝的水、我吃的東西，每樣東西都很精準是我要的。

　　你有哪裡不開心，就繼續把它搞到開心。像我，每天有什麼不高興的，我就把它修理到好，拼命轟炸，炸到我高興為止，繼續改造。我不會停止，因為我還活著！因為我不喜歡你這樣，所以我會每天跟你講，數十年如一日。

　　我的快樂是保證的，沒有一件事不會照我的意思，但是我並沒有強迫任何一個人，都會讓對方有他自己的意願。這就是我對自己誠實。

　　所以，你做每件事情都要誠實。你要做自己喜歡的事，真

正去經營，每一個設計都是你自己選的，什麼事情都是你要的，就是心想事成，這樣不是很開心嗎？

　　誠實可以讓一個人成功，且真正找到快樂！

你要相信自己可以做得到，按照目標一步一步努力去實踐，就會心想事成。

永遠只跟自己比

進步這件事情，永遠不跟別人比，一定是跟自己比，做到成功為止。五年做不好，就花十年來做。

我到美國去的第一件事情，前十年只唸英文。因為我很笨，我做事情很慢，所以我的計畫都以十年為一個階段。我到國外的第一個十年，就只是讀好英文，就是一直讀，一直練，練到OK為止。好不好的標準是自己決定，不是別人。如果你的心裡一直在想著別人怎麼看的話，很多事情沒辦法做。

我從來不會說：「我們的公司裝潢是不是比人家醜？」

「我們的員工是不是比人家差啊？」

「我的學歷是不是沒有人家好？」

「我們用這種椅子，人家會笑嗎？」

我從來不這樣想。我都不管別人怎樣看，我只管我自己，我的人生，我決定就好。為什麼我的人生要照別人的標準？我老公幹嘛要符合你的標準？別人不喜歡我老公，關我屁事啊？自己愛自己的老公就好！所以我的人生態度是完全主觀的，完全的自我。

當然，也不能跟世界脫節，可是要看在這個體制下自己快

不快樂。如果什麼事情都要先討別人開心才會快樂，你要怎麼主導自己的人生？又怎麼可能會快樂？

我們都知道，每種球類有它的規則，每個國家也有它的法律，他規定是這樣就是這樣，可是這並不是永久的，這不是你的人生。

假設你不喜歡當兵，當兵的這段時間就只是你的軍旅生涯，只是人生的一小部分，結束後就沒了。

你不喜歡自己唸的小學，那又有什麼關係？六年就畢業了，你想再讀也沒機會了。

這種事情就不重要，因為那不是你的人生。這就像你去旅行，旅途中你餓了，停在路上找一間店吃個東西，你發現食物很難吃，那就算了，有必要對這種事耿耿於懷嗎？你又不是一輩子都要吃這個食物，那只是一個過度的過程，一個經驗罷了。

你要知道什麼是你自己的人生，什麼是別人的人生，政府規定這條路就這樣舖，你看這條路很不順眼，你要自己設計馬路怎麼走，你應該想辦法去買個島自己鋪路。這條路是關係到政府的事，這是他們在決定的，你可以不受對方的影響，可是在什麼場子玩什麼遊戲，都要遵守遊戲規則。

有時候「人在江湖，身不由己」，你不喜歡這樣的遊戲規

則，也沒關係。你開始算日子，先知道某年某月某日可以離開，日子還剩幾天，離開就好，不喜歡的遊戲就結束了。比較重要的是，在等待的時間裏面怎樣繼續進步成長？你知道怎麼樣把過去跟未來的人生區隔開來，你可以決定去過你自己想要過的人生，開始去規劃你想要做的事情，其他的就照規定，照著目前的遊戲規則走。

可以照著自己的路，走出自己的人生，是最快樂的事！

人生如棋局。聰明的你，要能夠掌控自己的人生。

轉個念，
就是轉換了世界

我是
如何失敗的

我大部分的事業,是從四十歲才開始的。

四十歲之前的我幾乎都在自我反省,時間都用來反省光了,現在才豁然開朗,雖然已經五十歲,可是覺得自己像二、三十歲那麼年輕。之前我看不透自己是如何失敗的,反而覺得自己好老好老。

我的人生像倒吃甘蔗,像先過六十歲到八十歲,現在才在過五十歲,然後開始漸漸變成四十歲、三十歲,倒著活的。

以前我的臉、我的心都是很蒼老的,我的妝都是很濃的,我都畫很深的顏色,要用大紅大紫的妝才能掩飾我的憔悴。我的心也很憂鬱,因為一直在反省過去的錯誤,在過去二、三十年的光陰裏面,我一直活在自責的陰影當中。

現在,我終於從失敗裏面走出來,開始覺得年輕,充滿信心,也有活力,覺得我很有將來,因為看清楚我是怎麼失敗的。對於那些過久的反省,衷心希望別人都不要再幹這樣的傻事。

那段時間的反省,真的是差點把自己給折磨死。我曾經把所有的事情都揹在身上;家庭不幸是我的錯,父母吵架也是我的錯,朋友不理我也是我的錯,事業失敗也是我的錯。我的人生錯得徹底,但是當我願意擔當這些責任,可以去改正、負責去修正它、處理它,把它化成一個很圓滿的結果,

人生就突破了。

　這跟以前那種「你殺了我吧，反正都是我的錯」的心態完全不一樣。一個是很被動的接受錯誤，一個是主動的承認錯誤；一個是很樂觀的欣然接受都是我的錯，另一種想法是「我最好下地獄，死在那裏，永遠不要出來，永世不得超生」，那感覺真是滿悲憤的，又痛不欲生。

　以前我的想法是很悲觀的，現在的感覺是很超然的。我希望盡微薄的力量，別人能踏著我的肩膀爬上去，像疊羅漢的效果，不要重蹈覆轍。

　雖然這些錯誤跟失敗不是很重要，但很多像我這樣平凡的人，或許有些可以互相借鏡的地方，有拋磚引玉的作用，讓其他的人不要像我以前一樣只會自責，不要再像我以前一樣盲目，看不清楚遊戲規則，所以只能被遊戲玩，以希望能夠貢獻和分享的心態來寫這本書，是我出這本書的原因之一。

　在過去，我的感覺是自己一直處於失敗的情況中，但今天的我，重新詮釋了這個觀點。人生何處不會遭逢失敗？過去的我，幾乎認定生命就是一連串的失敗，也因為這樣的觀念，讓失敗變成家常便飯般地平常。但體會了這麼多的失敗之後，我開始了解一件事：成功，也和失敗一樣容易、一樣尋常，一樣可以天天發生。

我是
如何失敗的

　　因為經歷失敗挫折，我的人生幾乎變成灰色，那是因為我不懂、不明白、不了解。當看清楚了事實，讓成功變的可能，快樂變的容易。

　　原來，我發現過去的人生並不是「一連串」的失敗，而是「不斷的」在進步、學習與成長。若是沒有這些失敗，到現在我還不知道如何去欣賞成功，也不會懂得如何去面對生活，不會真正了解人生。

　　所以，失敗真的不可怕，可怕的是你不知道自己是如何失敗的。

　　如果能夠認真地探討、研究出自己是如何失敗的原因，那一堆的失敗竟然會變得比黃金還要值錢，讓你可以反敗為勝，不但可以徹底改過，還能船過水無痕地走出來，不帶著絲毫的挫折與難過。

　　因為，你的心裡是這樣的明白，這樣的心甘情願，這樣的願賭服輸。

　　我做到了。我也相信所有願意學習成長的人，每一個我的朋友，都可以透過省思、真正的誠實，去了解自己是如何失敗的，進而轉敗為勝，真正地追求到成功與快樂！

　　當了解失敗的原因，過去的失敗就不會在生命中留下任何的牽掛，反而會轉換成經驗及智慧，讓自己化失敗為成功，

化阻力為助力，化悲憤為力量，化危機為轉機。

只要揮一揮衣袖，不帶走一片雲彩，此去一帆風順，不再有過去的任何難過。當然，並不是從此你就過著幸福快樂的日子，但至少不會重蹈覆轍，也不會再犯過去犯過的錯；所以當遇到同樣的問題，你可以是如此的怡然自得。

若遭遇新的失敗，就要把它視為新的學習、新的進步、新的成長，你就不會因此挫折而自貶。你可以再增加新的能力、新的智慧，也可以創造新的成功，且擁有比過去更加幸福的快樂。

我花了好多的歲月，好不容易從失敗中走出來，才發現——哇！原來人生是如此地海闊天空，這樣地天外有天，這樣地平靜美好，如此的浩瀚無涯，進步竟然也可以這樣地永無止盡！我也發現，學習是人生中最棒、最迷人的一件事。

而今，我不會陷在過去的失敗。我不再固執地認定過去的自己三八、討厭，因為我進步成長了，也明白自己的錯誤，看到明天的美好及無窮的希望。我知道怎樣不再犯不必要的錯，還有那些浪費生命的冤枉路。

就是因為知道自己如何失敗的，同樣地，我也知道如何成功，更知道如何保持快樂的生活，創造有希望的明天，走在康莊大道上。

我是
如何失敗的

　　失敗、成功，它是一體的兩面，就看你從哪一面去看待它，怎樣去觀察體會它。兩樣事情都一樣可貴，一樣有價值。它們存在的意義是你給予的，你決定的；是好是壞，你說了算！

　　對我來說，成功與失敗，都是自己的好朋友。好好的對待它們，它們就會幫助你，支持你，鼓勵你，效忠於你。這簡直是天大的恩賜，人生中就多了兩個好朋友，不再孤獨，也不再寂寞。成功與失敗，一起參與彼此的生命，此生榮辱與共，不再分你我，沒有惱人的世界，只有朋友的溫心。

　　直到此刻，我終於坦然地擁抱了兩個我生命中的好朋友。我的人生無盡地美好，我得由衷感激失敗與成功，是他們給予我學習的機會。

　　如同願天下有情人終成眷屬，我也誠心的祝福天下所有的人們，找到自己「成功」和「失敗」的兩個好朋友！

我是如何失敗的

讀者回函卡

對我們的建議：

_____

_____

_____

_____

_____

郵票請帖於此，
謝謝！

台北郵局第118-332號信箱
P.O. BOX 118-332 Taipei
Taipei City 10599 Taiwan(R.O.C)

創意出版社　收

封　口

我是如何失敗的

讀者回函卡

謝謝您購買我們出版的書籍，請您抽空填寫這張讀者回函，並延虛線剪下、對摺黏好之後寄回，我們很重視您的寶貴意見，謝謝！

@基本資料

◎姓名：＿＿＿＿＿＿＿＿＿＿＿＿＿＿＿＿＿＿＿＿＿＿＿＿

◎性別：□男　□女

◎生日：西元 ＿＿＿＿＿＿＿ 年 ＿＿＿＿＿ 月 ＿＿＿＿＿日

◎地址：＿＿＿＿＿＿＿＿＿＿＿＿＿＿＿＿＿＿＿＿＿＿＿＿

◎電話：＿＿＿＿＿＿＿　E-mail：＿＿＿＿＿＿＿＿＿＿＿＿＿＿

◎學歷：□小學　　□國中　　□高中　　□大專　　□研究所（含以上）
◎職業：
□學生　　　□軍公教　　□服務業　　□金融業　　□製造業
□資訊業　　□傳播業　　□農漁牧　　□自由業　　□家管
□其他＿＿＿＿＿＿＿＿＿＿＿＿＿＿＿＿＿＿＿＿＿

◎您從何種方式得知本書？
□書店　　□網路　　□報紙　　□雜誌　　□廣播　　□電視　　□親友推薦
□其他

◎您喜歡閱讀哪些類別的書籍？
□商業財經　　□自然科學　　□歷史　　　□法律　　□文學　　□休閒旅遊
□小說　　　　□人物傳記　　□生活勵志　□其他

◎您對本書的意見：
內容：□滿意　　　□尚可　　　□應改進
編排：□滿意　　　□尚可　　　□應改進
文字：□滿意　　　□尚可　　　□應改進
封面：□滿意　　　□尚可　　　□應改進
印刷：□滿意　　　□尚可　　　□應改進

國家圖書館出版品預行編目(CIP)資料

我是如何失敗的 / 陳海倫著. – 初版. — 臺北市 ：
創意, 2011. 02
(創意系列；9)
ISBN 978-986-84419-7-2
1. 生活指導 2.成功法

177.2   100001078

創意系列｜9

我是如何失敗的

作者　　　｜陳海倫
插圖　　　｜呂季原
責任編輯｜劉孝麒
美術編輯｜王尹玲

出版　　　｜創意出版社
發行人　　｜謝明勳
郵政信箱｜台北郵局第118-332號信箱
　　　　　　P.O. BOX 118-332 Taipei
　　　　　　Taipei City 10599 Taiwan(R.O.C)

電話　　　｜(02)2745-8931
傳真　　　｜(02)2745-5683
E-mail　　｜creativecreation@yahoo.com.tw
印刷　　　｜世和印製企業有限公司

定價　　　｜380元
　　　　　　2011年2月初版